"Saint" Robert Schuman - Une auréole pour l'Europe

"Saint" Robert Schuman

Une auréole pour l'Europe

"Saint" Robert Schuman - Une auréole pour l'Europe

*"L'Europe ne devra pas rester une entreprise économique ;
il lui faut une âme, un idéal humain"*

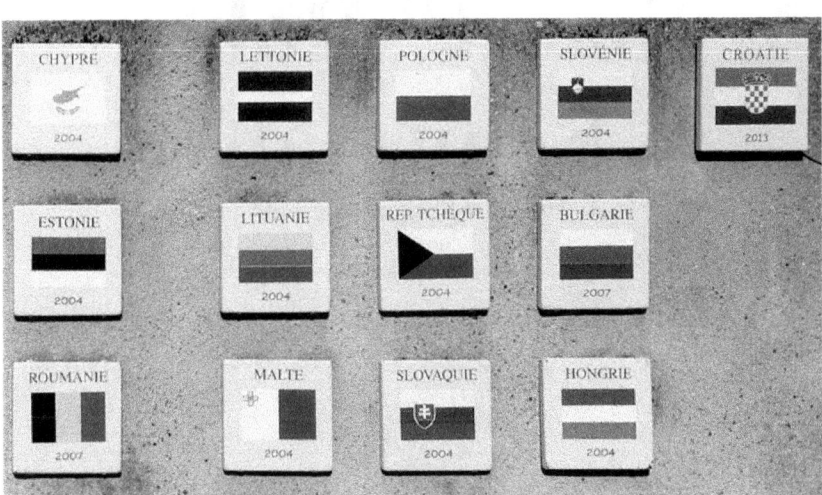

*Les carreaux de faïence des 28 Etats membres du Parlement Européens,
sur la Place de l'Europe, à Scy-Chazelles*

Thierry Van de Leur

"Saint" Robert Schuman
Une auréole pour l'Europe

"Saint" Robert Schuman
Une auréole pour l'Europe

Note de Copyright et première édition mai 2019
Contact auteur : t.van-de-leur@laposte.net
Imprimé en Europe par : www.lulu.com
Dépôts légaux Bibliothèque Nationale de France en 2019
© 2019 par Thierry Van de Leur. Tous droits réservés.

Toute mise en réseau, reproduction, sous quelque forme, est interdite sans autorisation préalable. Une copie totale ou partielle de ce livre, par quelque procédé que ce soit, est interdite et constituerait une contrefaçon sanctionnée par la loi du 11 mars 1957 et du 3 juillet 1995, sur la protection de la propriété intellectuelle et les droits d'auteur.

Livre autoédité, également vendu sur :
www.lulu.com

ISBN : 979-10-91289-35-1
EAN : 9791091289351

"Saint" Robert Schuman - Une auréole pour l'Europe

*A Saint-Colomban
A Saint-Benoît, Patron de l'Europe
Aux Pères fondateurs de l'Europe*

A mon beau père, **Maurice Giordani** *(1922-2000),
ex-fonctionnaire européen au Conseil de l'Europe de 1971 à 1984, à Strasbourg.*

*A mon épouse, Agnès,
A ma fille, Cindy*

En octobre 1923, le Comte Richard de Coudenhove-Kalergi (1894-1972) proposa **Pan-Europe**, *le premier projet de l'époque moderne qui voit l'Europe politiquement et économiquement unie.* **Pan-Europe** *commence par cette phrase :*
Tout grand événement historique a commencé comme utopie pour finir comme réalité.
Une phrase qui correspond parfaitement au Parisis Code, présenté dans ce livre.

Couverture : Cindy Van de Leur (26 mars 2019)

SOMMAIRE

1 - Prologue - page 9
2 - Le Code de Paris - page 12
3 - L'Etrange Code - page 19
4 - Quelques exemples concrets - page 21
5 - Gérard de Nerval et Châteaubriand - page 22
6 - La rue Dieu, rue de la Providence - page 28
7 - La Déclaration Schuman - page 33
8 - Miracle du drapeau européen - page 37
9 - La Médaille Miraculeuse - page 39
10 - Historique du drapeau - page 43
11 - Arsène est codé ! - page 45
- Arsène
- Une autre proposition de drapeau
- Le drapeau à 15 étoiles inversées
- Le lancement du drapeau
- Un drapeau voulu par Dieu ?
12 - Le Secret de l'Etoile - page 55
13 - Le plus grand drapeau du monde - page 58
14 - "Saint" Robert Schuman - page 59
15 - Phénomènes Solaires Artificiels - page 78
Le Triplet lumineux
Un petit air de famille…
16 - Etoiles encore - page 97
17 - Lignes de "Saint" Robert" à Paris - page 99
Robert, protégé du Très Haut
La béatification
18 - Retour à Strasbourg - page 105
19 - Une pièce très symbolique - page 109
20 - Bain forcé - page 112

21 - Los Caïdos - page 113
22 - Validation du phénomène - page 118
23 - Saint-Benoît - page 123
24 - Le Pape François - page 125
25 - Odeur de sainteté et état de grâce - page 134
26 - Institut Saint-Benoit - page 136
27 - L'alignement miraculeux (J-P II) - page 138
28 - Le dernier clin d'œil du Code - page 140
29 - Le Manneken-Pis européen - page 146
30 - Le Parlement Européen - page 148
31 - Le quotidien de Robert Schuman - page 150
32 - Au petit tonneau - page 154
33 - Un voyage prédestiné - page 158
34 - Incendie de Notre-Dame de Paris - page 161
Notre-Dame, victime du terrorisme islamique ?
Un sauvetage providentiel
Un incendie programmé ?
Un incendie providentiel
35 - Le Secret de Luxeuil-les-Bains - page 175
36 - L'Ode à la Joie - page 178
37 - Un gentil membre... - page 180
38 - Conclusion - Deus ex Machina - page 182
39 - Exorcisme - page 184
40 - Une auréole pour l'europe ? - page 188
41 - Prière au Serviteur de Dieu - page 190
42 - La mort de Robert Schuman - page 195
Plan de l'église Saint-Quentin
43 - Sépulture des Politiques - page 200
44 - Un phénomène solaire inscrit à Paris - page 203
45 - Livres édités par l'auteur - page 205

1 - PROLOGUE

Dans le calme de Scy-Chazelles, un petit village près de Metz, Robert Schuman (1886-1963) a jeté les bases de l'Europe unie, gage de prospérité et de paix dans le monde.
Sa sépulture se trouve désormais dans l'église fortifiée Saint-Quentin (XIIe siècle) à quelques mètres de sa maison, où il rendit son dernier soupir. On s'y rend en pèlerinage de toute l'Europe.

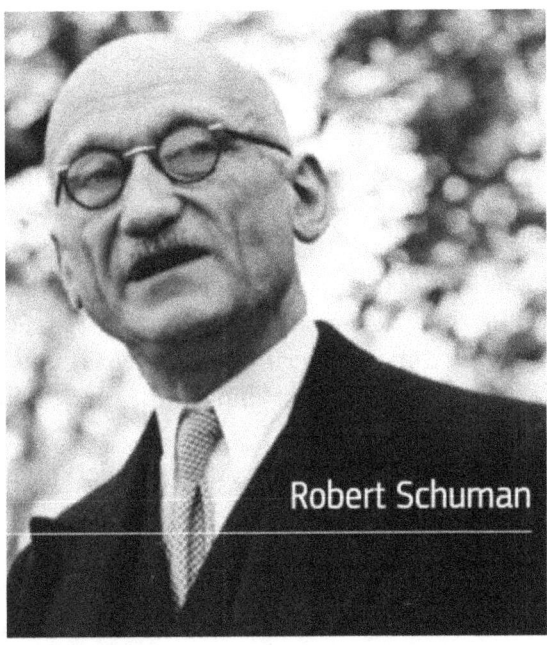

Depuis 1990, le Vatican a entamé une procédure, afin de béatifier le "Bienheureux" Robert Schuman pour sa contribution à la paix.
L'Institut Saint-Benoît Patron de l'Europe soutient ce procès de béatification qui n'attend que le Miracle ultime pour faire de ce "Père de l'Europe", un Saint de l'Eglise Catholique.
Cet ultime Miracle tant espéré depuis 29 ans n'est pas une guérison attendue, mais se présente sous une forme totalement atypique, à Paris et à Strasbourg, Capitale de l'Europe.
Il est décrypté en détail dans ce livre. Assisterons-nous prochainement à la canonisation de "Saint" Robert Schuman, par le Pape François ? Sûrement pas ! Comme toujours, face à ce phénomène très étrange qu'il ne maîtrise pas, et ne peut pas comprendre, le Vatican préférera attribuer cette découverte "machiavélique" à Satan. Il se détournera de

ce "Deus ex machina", qui est probablement la plus éclatante démonstration divine de la sainteté de Robert Schuman.

En 2005, je découvrais un fabuleux secret caché dans la carte de Paris. Je l'ai baptisé Parisis Code.
En 2009, j'ai publié chez Dualpha, à Paris mon premier livre pour expliquer cette découverte : **PARISIS CODE**, le plus grand secret jamais révélé sur Paris (en vente sur Amazon, Lulu.com, Hachette etc…).
Ce code fonctionne grâce à des mots-clefs et des symboles fournis par les voies, les monuments, les commerces et sociétés de la capitale.
Le processus est très simple mais aussi mystérieux, puisqu'à ce jour, j'ignore encore qui l'a créé et qui le fait fonctionner.
Une chose est certaine, ce code n'a pas d'origine humaine.
Il fonctionne par alignements de points précis.
A Paris, entre 3 et des dizaines de paramètres peuvent ainsi se retrouver mystérieusement alignés et "parler", c'est-à-dire retracer avec plus ou moins de précision la vie d'une personnalité, un fait historique etc…
Lorsqu'on dit que le destin est inscrit quelque part, que c'est un signe du destin où que l'on peut lire le destin dans les lignes de la main, ce n'est pas faux.
Les exemples sont tellement nombreux que ce décryptage m'a demandé 13 ans de travail et a donné naissance à une dizaine de volumes de 300 pages (liste à la fin de cet ouvrage).

L'ortho-morphogenèse urbaine codée

Le préfixe **Ortho** vient du latin "orthòs" qui signifie "droit". Il sert à exprimer la droiture et la justesse.
Une **morphogenèse** est un processus biologique qui donne sa forme, à un organisme.
En comparant la ville de Paris à un organisme vivant dont les habitants sont la substantifique moelle, on peut considérer que le Parisis Code ou code de Paris est le fruit d'une sorte d'ortho-morphogenèse urbaine codée.
Ce terme désignant le processus historique de création et d'évolution du mystérieux codage d'une ville par un processus d'alignements et d'interactions entre les adresses, les activités, les monuments, et certaines clefs symboliques prédéfinies.

Comment la nature s'y prend-elle pour construire les formes variées associées aux espèces vivantes ?

Comment expliquer le passage d'un embryon à un organisme complet avec des cellules bien différenciées occupant des fonctions différentes et situées dans des zones bien définies dans l'espace ?

De même comment expliquer l'organisation automatique donnant un sens symbolique à un alignement de paramètres (rues, monuments, adresses, sociétés etc…) ?

Si vu du ciel certaines villes montrent ouvertement leurs alignements de rues très géométriques, d'autres cachent des alignements beaucoup plus impressionnants et mystérieux…

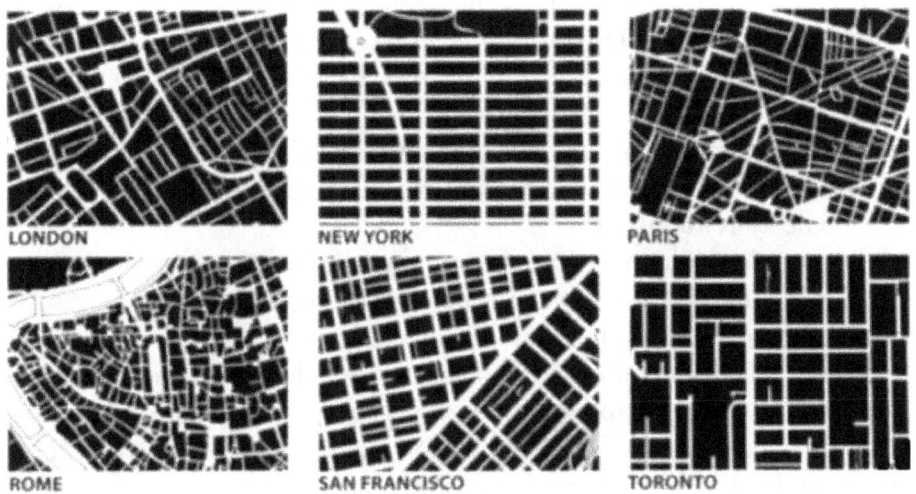

Le Parisis Code : le mystérieux code de Paris

Le Parisis Code serait, comme le disait feu Jean Moisset, spécialiste de la synchronicité, "une sorte de hasard signifiant et créateur qui donnerait une nouvelle vision de l'homme et de l'univers ainsi que des rapports esprit-matière.

Le monde ne serait pas uniquement régit par une causalité aveugle, mais les êtres, les choses et les événements seraient également reliés selon un ordre sous-jacent émergeant d'une autre dimension... hors de notre espace-temps."

Jean Moisset donne des exemples pour distinguer coïncidence, sérialité et synchronicité.

Au cours de vos vacances, vous rencontrez un ami : c'est une **coïncidence**.

En plus de cet ami, vous rencontrez deux autres connaissances pendant votre séjour : c'est la **sérialité**.

Mais, vous rendant sur votre lieu de vacances, vous voyez une affiche des Antilles qui vous fait penser à des amis partis vivre à la Martinique et dont vous êtes sans nouvelles depuis quinze ans.

Arrivés sur place, vos voisins immédiats sont ces mêmes amis : c'est de la **synchronicité**.

Autre exemple, d'avant l'ère des téléphones portables : vous passez devant une cabine téléphonique et le téléphone sonne.

Vous décrochez et avez au bout du fil un ami qui cherchait à vous joindre mais s'est trompé de numéro !

Le Parisis Code n'est ni plus ni moins qu'un ensemble dense de **coïncidences** "anormalement" alignées (**sérialité**), appliqué aux rues, monuments, fontaines, statues, hôtels, restaurants bars, parcs et squares de Paris.

Ces alignements se forment parfois (ou sont découvertes) à l'occasion d'un événement, comme un attentat, une élection etc... ; c'est une sorte spéciale de **synchronicité**.

Ces fausses "coïncidences" se retrouvent inscrites dans la Capitale (et peut-être d'autres villes) sous forme d'alignements de paramètres liés par l'Histoire, le Destin, le sens, la logique, la géographie.

Ce ne sont pas des centaines, mais des milliers de cas qui sont présentés à travers mes nombreux ouvrages consacrés à ce phénomène inédit (Parisis Code, tome 1 à 6, le Fabuleux Secret de Paris, Je suis Codée, Le Destin des Présidents gravé dans Paris, etc...

Tous les cas énumérés sont sans exception, facilement vérifiables par tous. Il suffit de se procurer une carte de Paris !

2 - LE CODE DE PARIS

C'est à Strasbourg que j'ai découvert et décrypté le Parisis Code.

Une expérience scientifique peut être vérifiée en la reproduisant. C'est le cas du "Parisis Code", vous pouvez prendre votre règle et votre plan de paris et tout vérifier.

La forme de Paris, vu du ciel, ressemble à un cerveau.

C'est en fait une sorte de superordinateur qui renferme depuis plus de deux siècles, sous forme de paramètres alignés le passé, le présent et le futur.

A l'aide de mots clés, on peut parvenir à entrer dans ce système élaboré et actualisé sans cesse par la Matrice, Dieu... ou quelque- soit le nom que l'on veut lui donner.

Pour cet ouvrage, par souci de simplification, je ne vais énumérer que les principales Clés qui sont employées pour les alignements relatifs à Robert Schuman

Quand un alignement passe sur une des clés du Code sa symbolique donne une information.

Ces clés, je ne les ai pas inventées, elles se sont imposées.

L'Ankh ou Croix de la Vie Eternelle est dessinée par les voies qui entourent l'Opéra Garnier, l'Avenue de l'Opéra, etc...Cette clef emblématique du code, est la première clef que j'ai découverte.

La grande Croix Ankk (Avenue de l'Opéra, Opéra Garnier)

Dans le Code, la Clef de la Communication est un édifice circulaire : la Maison de Radio-France. Pour plus de précision, c'est généralement le centre de ce cercle qui est pris en compte.

"Saint" Robert Schuman - Une auréole pour l'Europe

La Maison de Radio-France, Clef de la Communication du Code

Le Parc des Buttes-Chaumont dessine une tête d'aigle, avec un œil qui voit tout, formé par son petit lac et un petit temple.
Les lignes partant de cet œil génèrent de multiples informations. La pointe du bec apporte aussi des indications importantes.

"Saint" Robert Schuman - Une auréole pour l'Europe

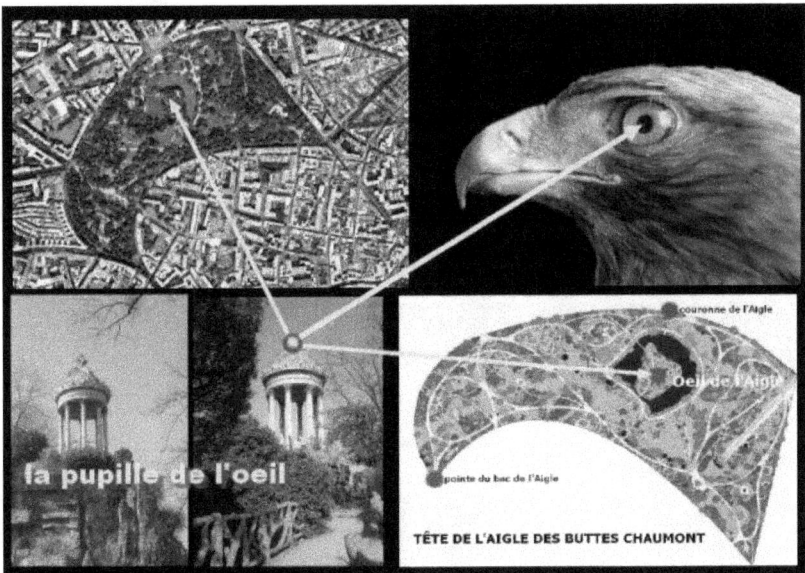

La tête d'aigle et son œil qui voit tout...

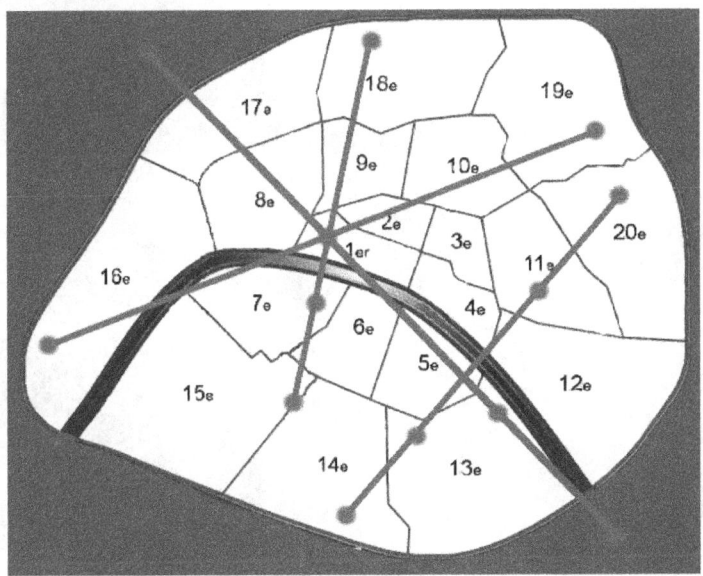

Le Code fonctionne par alignements de paramètres (adresses, monuments, rues) anormalement nombreux, symboliques et révélateurs, trop complexes et impossibles à réaliser par des moyens humains.
Jusqu'à plusieurs dizaines de paramètres peuvent ainsi s'aligner sous nos yeux ébahis !

L'**Observatoire** Astronomique de Paris, qui scrute le cosmos, est une clef utilisée comme l'œil de l'Aigle ; aussi l'ai-je baptisé le **Grand Œil**. C'est aussi une clef très performante du Code. Exemple : le Grand Œil qui regarde le centre Bouddhiste de Vincennes et sa pagode qui héberge le "plus grand Bouddha d'Europe" (9 mètres de haut, recouvert d'or), crée une ligne qui passe sur le restaurant indien "Bouddha", situé au n°13, rue Saint-Hyppolite (13e).

Le Grand Œil est l'Observatoire de Paris.

Fontaine de Varsovie (Bassin-phallus)

Au Trocadéro, on trouve l'ensemble de Clefs consacrées à la Mise au Monde.
Au **n°1**, la Fontaine de Varsovie, Clef de la Création (Bassin-phalus ou "pénis").
Au **n°2**, l'Esplanade des Droits de l'Homme et du Citoyen est symboliquement le "passage" entre les deux "jambes" du Palais de Chaillot, représentant la Clef de la Naissance (vagin).
Les lignes traversant ce passage sont parfois capables d'indiquer la date ou le lieu de naissance d'une personne, d'un monument ou d'un événement.
Au **n°3**, la Place du Trocadéro, est la Clef "fœtus".
On trouve de part et d'autre, une statue d'homme et de femme…

Dans le Parisis Code, la clef qui représente l'Eglise catholique est la **Cathédrale Notre-Dame** de Paris.
La **Grande Croix du Christ**, immense présence du Christ dans la Capitale, formée par l'Avenue Foch, l'Avenue de Malakoff et l'Avenue Raymond Poincaré.
Le Grand Œil (Observatoire de Paris) qui regarde la rue Dieulafoy (13ème arr.), forme un axe qui nous entraîne en plein centre de cette croix.

"Saint" Robert Schuman - Une auréole pour l'Europe

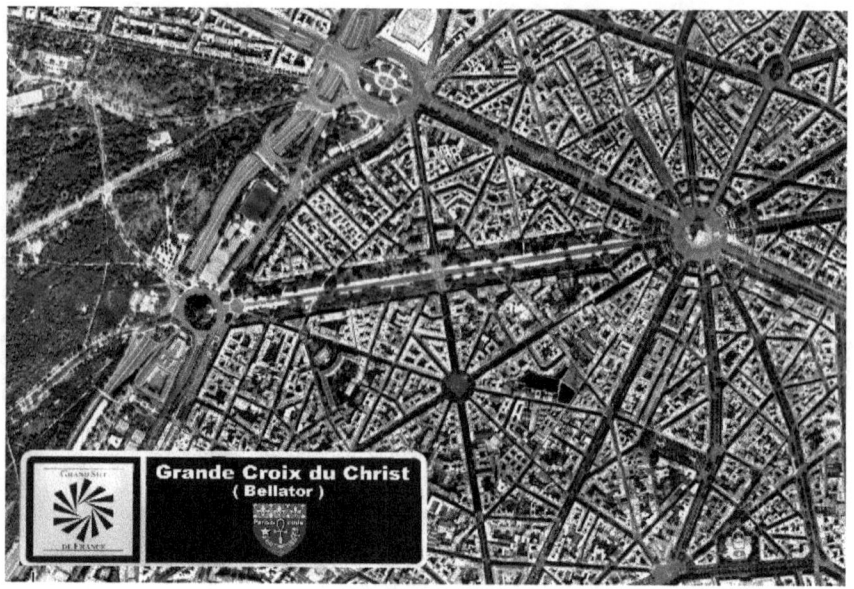

Système de datation du Code : le Code possède la capacité de dater avec précision certains événements comme la date de naissance ou de décès d'un personnage. Par quelle magie ?
Tout simplement en utilisant les rues, églises ou chapelles qui portent le nom d'un saint ou d'une sainte.
Dans le calendrier des Postes ne sont indiqués que les saints principaux. En fait, chaque jour cache d'autres saints "secondaires". Ce nombre peut même atteindre jusqu'à 13 saints.
Parfois c'est un seul de ces saints "cachés" qui est représenté par une rue ou une église.

Détermination des métiers : le Code possède aussi la capacité d'indiquer la nature du métier ou de l'art exercé par certains personnages.
Ici, encore, les saints et les saintes sont mis à contribution. Par contre c'est en leur qualité de saint patron ou sainte patronne qu'ils figurent sur certains alignements symboliques.

Substitution : le code fonctionne également avec les adresses qui se trouvent dans une autre ville que Paris. Pour cela, il faut bien entendu que cette adresse exacte existe également dans Paris.

A Paris, **Robert Schuman** est représenté par le Square R.Schuman (16eme arr.), l'Avenue R.Schuman (7eme arr.), et la Fondation R.Schuman (n°29, Boulevard Raspail -7eme arr.).
En banlieue proche, l'Avenue R.Schuman (Boulogne- Billancourt), la rue R.Schuman (Charenton-le-Pont), et la Place du Président R.Schuman à Issy-les-Moulineaux.

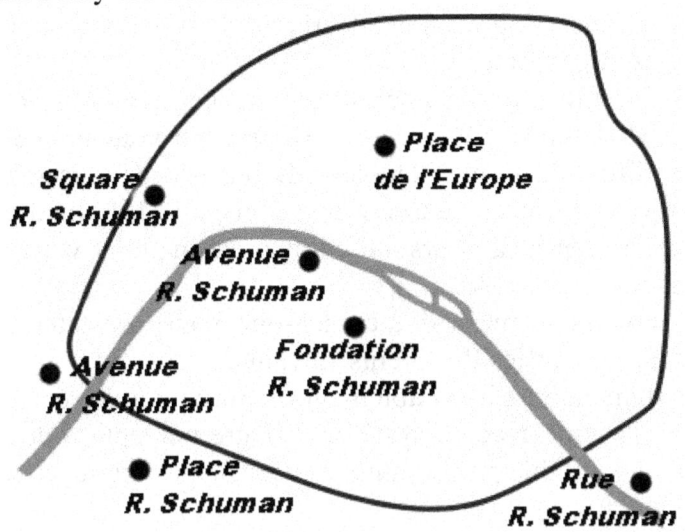

3 - L'ETRANGE CODE

Voici ce que m'écrivait un de mes lecteurs (un architecte Bruxellois) après avoir lu quelques-uns de mes livres traitant de ce Code :
"Ce code paraît si extraordinaire qu'à la lecture, on ne peut s'empêcher de penser que vous êtes en plein délire...
Mais en vérifiant, on a beau se dire que c'est impossible, c'est pourtant bien réel...
Dès lors, la seule réponse raisonnable paraît improbable ! Votre "invention" est si puissante qu'elle s'est imposée au-delà des barrières du temps !
Chaque fois qu'un traceur de rue ou qu'un nominateur de lieu imposa son choix, il n'a pu le faire qu'en référence à votre système...
Si cela paraît incompatible en physique traditionnelle, c'est tout-à-fait possible en mécanique quantique... Mais cela pose alors une sérieuse question : qu'est-ce que le réel ?

Une coïncidence suggère une ligne d'investigation, deux coïncidences deviennent un indice, trois coïncidences constituent le début d'une preuve et 4 coïncidences ne sont plus des coïncidences...
En lisant cet ouvrage, vous ne pourrez que vous demander si c'est possible. Comment les noms des rues, des places et des édifices publics de Paris ont-ils pu, tout au long des siècles, être ainsi programmés ?
L'auteur nous balade-t-il en nous décrivant de très nombreux exemples d'alignements improbables ?
Toutes ces questions vous hanteront et vous courrez acheter le plan de Paris (carte Michelin n° 55) et vous vérifierez par vous-même...
Vous vous direz alors que Napoléon-Bonaparte a vraisemblablement imprimé sa volonté, vous penserez que François Mitterrand qui croyait aux "forces de l'esprit" a poursuivi ce plan étonnant, et vous vous direz que ce n'est pas impossible...
Mais vous commencerez à douter, lorsque vous constaterez que cela fonctionne aussi pour les Présidents suivants...
Vous vous demanderez inévitablement qu'est-ce que la réalité et si l'on peut prédire l'avenir avec ce système ? Votre perception des choses et des événements semble peu commune, pour ne pas dire exceptionnelle !

Le Parisis Code est la preuve tangible d'une ingérence quotidienne par une entité dans le destin de l'Homme. Cette disposition des édifices parisiens n'est pas un hasard mais un langage qu'il nous appartient de déchiffrer.
Ces alignements embarrassent et posent aux chercheurs les questions de savoir qui et pourquoi ? Ces deux questions restent sans réponse.

Imaginez une découverte faite en 2005 par un chercheur non-orthodoxe qui ne parvient pas depuis 14 ans à faire reconnaître son expérience (pourtant facilement vérifiable), par le monde scientifique et universitaire.
Faute d'être reconnues, ses recherches sont appelées à tomber dans l'oubli, à être mises en parallèle, en marge du circuit officiel de transmission des connaissances.
Elle devient alors une **para-science**...

Nous n'avons rien à redouter à révéler la vérité, personne ne la croit !
  Oswald Wirth (*grand penseur de la Maçonnerie*).

4 - QUELQUES EXEMPLES CONCRETS

L'œil de l'Aigle des Buttes-Chaumont, qui regarde l'Eglise des **Apparitions** de la Sainte Vierge, crée une ligne qui passe sur le bar "**Tombé du ciel**" !

La ligne reliant l'Arc de Triomphe à l'Eglise Notre-Dame de Lourdes (n°130, rue Pelleport) traverse le bar " Tombé du ciel".

Le Grand-Œil qui regarde le Café l'**Alliance** (n°112, Avenue Jean Jaurès) crée une ligne qui traverse la rue **Lanneau** (5e) !

La pâtisserie "La **Baguette Magique**" (n°2, rue Biot), le restaurant "Les **Magiciens**" (n°6, rue Beaurepaire) et la rue **Merlin** (évoquant le célèbre magicien) sont rigoureusement alignés.

L'Œil de l'Aigle qui regarde le bar **Ma Pomme** (n°107, rue de Ménilmontant), crée un axe qui amène sur la Promenade Signoret-Montand. Ma pomme est une célèbre chanson **d'Yves Montand**…

Le Corcovado à Rio de Janeiro (Brésil) est célèbre pour sa statue monumentale du Christ Rédempteur. C'est l'un des principaux symboles de la ville et du pays.
Le Grand Œil (Observatoire) qui regarde le restaurant brésilien "O **Corcovado**" (n°7, rue Simon le Franc) traverse l'Hôtel du **Brésil** (n°10, rue le Goff).

Le Grand Œil qui regarde l'Eglise du **Christ Rédempteur** (n°18, rue Marceau, à Issy-les-Moulineaux), crée une ligne qui passe sur l'autre restaurant brésilien "O **Corcovado**" (n°152, rue du Château).

La ligne reliant la Clef de la Communication à l'**Impasse Satan**, passe sur la Sarl **Satan** (n°12, rue du Prévôt).

5 - GERARD DE NERVAL, CHATEAUBRIAND

Gérard de Nerval est considéré comme l'un des plus grands poètes français, ce fait transparaît très clairement dans le Code ; d'ailleurs tout le travail du Parisis Code fait autour de ce personnage est tout bonnement incroyable !

L'axe formé par la rue Gérard de Nerval et l'Arc de Triomphe atteint le Square des Poètes (Porte d'Auteuil) et à Boulogne-Billancourt, l'église Sainte-Cécile (Sainte patronne des poètes) !

Sa mort est précisément gravée dans Paris.

En effet le 25 janvier est la Saint-Paul dans le calendrier.

Si nous relions la rue Gérard de Nerval à l'Impasse Saint-Paul, la ligne ainsi générée passe sur la 49ème division au cimetière du Père Lachaise, où se trouve son tombeau !

Le Prince d'Aquitaine à la Tour abolie

Je suis le Ténébreux, – le Veuf, – l'Inconsolé. <u>Le Prince d'Aquitaine à la Tour abolie</u> : ma seule Étoile est morte, – et mon luth constellé porte le Soleil noir de la Mélancolie.

Ce sonnet est tiré d'El Dedichado (Les Chimères-1854), certainement le poème le plus célèbre de Gérard de Nerval (1808-1855).

Il est en tout cas très caractéristique, par ce mélange de mélancolie, de références ésotériques et de mystère.

Cette œuvre écrite un an avant sa mort a conduit à voir dans Nerval un écrivain majeur qui avait tenté d'explorer les profondeurs de l'inconscient et d'abolir les frontières entre rêve et réalité. De ce sonnet, nous ne retiendrons que ce passage dans lequel Nerval se qualifie lui-même de *Prince d'Aquitaine à la Tour abolie*.

Voyons comment illustrer cette phrase grâce aux rues, véritables « outils » du Parisis Code, et essayons de la décrypter.

L'extrémité Nord de la rue Monsieur le **Prince** (6ème arr.) ouverte en 1851, et l'entrée du Square **d'Aquitaine** (19ème arr.) ouvert en 1934, nous fournissent une ligne de 5,7 kilomètres.

On remarquera que la rue Monsieur le Prince prend naissance sur le Carrefour de l'Odéon qui évoque une construction de la Grèce antique destinée entre autre à des concours de poésies…

Gérard de Nerval créa d'ailleurs deux pièces qui furent joué au Théâtre de l'Odéon : *Le Prince des sots* et *Lara ou l'expiation*.

C'est à cette occasion qu'il devient Gérard de Nerval, pseudonyme adopté en souvenir d'une propriété familiale, le Clos de Nerval près de Loisy, (Mortefontaine).

Cette ligne improbable concernerait-elle par hasard le poète Gérard de Nerval ?

Il y a peu de chance, mais regardons de plus près… cela n'engage à rien.

Effectivement cette ligne passe sur l'emplacement même où dans un accès de folie, Gérard de Nerval s'est pendu : le Théâtre de la Ville (construit par la suite à cet endroit). Le point exact se trouverait au niveau du souffleur…

Cette ligne passe aussi sur un monument qui est effectivement une **tour abolie** : la fameuse Tour Saint-Jacques !

En effet, à la Révolution, l'église Saint-Jacques de la Boucherie fut détruite, et cette tour de 52 mètres, ainsi *abolie*, fut vendue en 1792.

Fantastique découverte : au pied de cette tour, dans le Square de la Tour Saint-Jacques, on trouve depuis 1955, un vibrant hommage à l'écrivain : une stèle en pierre avec, dans un médaillon en bronze, le portrait de Gérard de Nerval représenté en 1832 à l'âge de 23 ans. Mais ce n'est pas tout !

A côté de cette stèle, dans un rocher, sont gravées les deux premières strophes d'El Dédichado ! *Je suis le... Prince d'Aquitaine à la Tour abolie...*

Ajoutons, que la stèle se trouve aussi sur la ligne joignant le lieu de son décès à son lieu de naissance, rue Saint-Martin (actuel n°168).

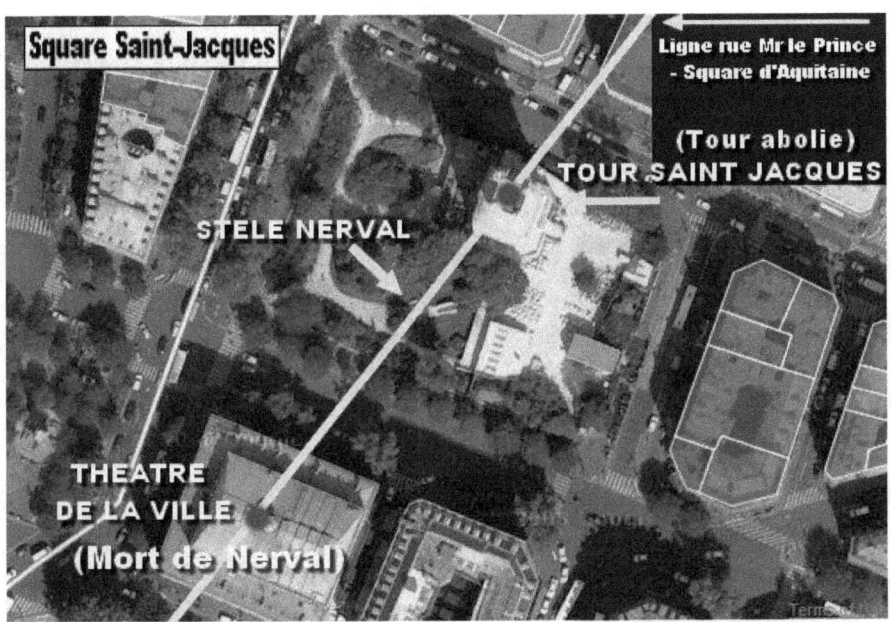

La "Tour abolie", la stèle et le rocher...

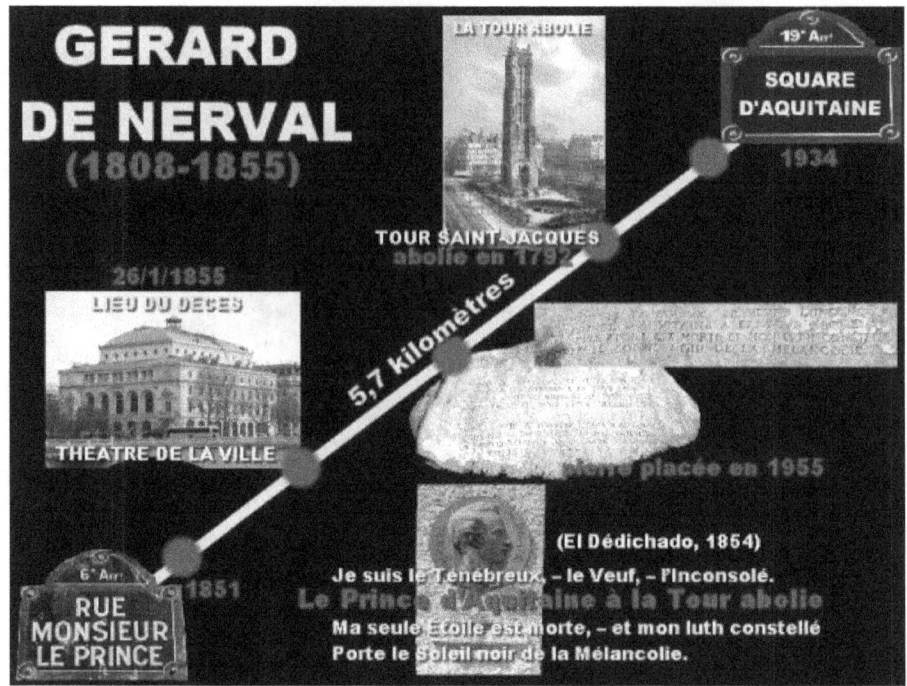

CHATEAUBRIAND

Prenons en exemple d'alignements, celui du poète Chateaubriand.
Il est enterré depuis le 18 juillet 1848, dans l'île du Grand Bé, un îlot rocheux inhabité, à 400 mètres des remparts de la ville de Saint-Malo, qui devient presqu'île à marée basse.
On peut ainsi y accéder à pieds depuis la plage de Bon-Secours.
Le mot « Bey » veut dire tombe en celte... c'est à croire que ce lieu lui était prédestiné !
Vingt ans avant sa mort l'écrivain a manifesté son désir d'être inhumé sur ce lopin de terre, face au large, pour poursuivre sa conversation avec la mer...
A Paris, au n°129, Avenue Parmentier, on trouve le restaurant Chateaubriand classé 18ème meilleur restaurant du monde.
C'est lui qui nous indique, dans le Parisis Code, où est enterré le poète.
En effet, la ligne joignant ce restaurant à la rue de Chateaubriand, passe sur une rôtisserie du Boulevard des Italiens (n°24) : le Grand B (évoquant clairement la dernière demeure du poète)!
Sur cet axe, nous trouvons l'Opéra Garnier et la rue Dieu....

La pointe du Bec de l'Aigle des Buttes-Chaumont, est une clef du Code dont la fonction est de montrer un point important concernant un personnage ou autre paramètre, qu'il serait impossible à trouver sans cette clef.
C'est en général la fonction principale des clefs du Parisis Code. Ainsi, l'axe reliant la pointe du bec au restaurant Chateaubriand, crée une ligne qui nous entraîne sur le restaurant "Le Saint-Malo" (2, rue d'Odessa - 14e), là où repose l'écrivain...
Odessa, vient du grec Odysséo qui signifie "la route des Dieux".
Remarque : Pour accéder au rocher du Grand Bé, il faut emprunter la plage de Bon-Secours, depuis Saint-Malo ...
A Paris, la ligne reliant l'Hôpital Bon-Secours à la rôtisserie Le Grand B, traverse le restaurant "Le Saint-Malo".
Chateaubriand est mort le 4 juillet 1848, jour de la Sainte Berthe. Là encore, on est stupéfait de constater que ce restaurant Chateaubriand nous apporte cette précision.
En effet, la ligne reliant la rue Berthe à la Clef de la Mort (entrée du cimetière du Père Lachaise), croise bel et bien ce restaurant !
Il est mort au n°120, rue du Bac, dans l'hôtel de Clermont-Tonnerre.
La ligne reliant cette adresse à la rue Berthe (4 juillet), passe sur le centre d'une grande croix symbole de mort la Place de l'Opéra.
Mais on peut, en "grattant un peu", retrouver d'autres informations, comme par exemple sa naissance, rue des Juifs (à Saint-Malo).
L'œil de l'Aigle qui regarde la rue Ferdinand Duval, ancienne " rue des Juifs", crée une ligne qui passe sur le restaurant Chateaubriand.
Etonnant, non ? Inutile et pourtant tellement... miraculeux !
Mais arrêtons-nous là.
Trop d'informations tuent l'information et le Parisis Code nous donne vite le vertige !

6 - RUE DIEU, RUE DE LA PROVIDENCE

La rue Dieu (130 mètres de longueur) a reçu officiellement à son ouverture, en 1867, le nom du général Dieu, qui s'est couvert de gloire en 1859 à la Bataille de Solférino. Ce vaillant soldat est mort six mois plus tard des suites de ses blessures.
On trouve encore sur certaines plaques, l'origine de cette rue utilisée également dans le Parisis Code pour Dieu le Père.
En effet, la droite joignant la Clef de la Communication à la rue Dieu traverse, aux Invalides la rue Fabert, ancienne rue d'Austerlitz, la Place des Victoires, et la Passerelle anciennement dénommée "de Solférino"!
Aujourd'hui, elle est rebaptisée Léopold Cedar Senghor.
Mais la rue Dieu concerne aussi bel et bien Dieu le Père, car sur cette même ligne, on trouve la Cour de la Grâce de Dieu et surtout la rue du Soleil évoquant cet astre qu'il a créé et sans lequel toute vie serait impossible sur Terre.
Le terme français *Dieu* vient du latin *deus*, issu de la racine *deiwo* qui signifie *lumière* et provient de la base linguistique *dei-*, *luire*, *briller*. Dieu et le Soleil sont en fait synonymes...

Qui a créé le Soleil ? C'est Dieu ! C'est ce qu'affirme le Code.
*En effet, la ligne de 8 kilomètres (chiffre représentant la course du soleil et le Saint-Esprit) reliant la rue du **Soleil** à la Clef de la **Mise au Monde** (Esplanade des Droits de l'Homme du Trocadéro) passe sur la Cour de la **Grâce de Dieu**, et la rue **Dieu** !*

Il est évident que la rue Dieu, utilisant le nom le plus prestigieux qu'on puisse imaginer pour une rue, a été créée pour servir de clef importante dans le Parisis Code ; tout le prouve !
D'abord elle fut baptisée pendant le règne de Napoléon III, l'un des grands réalisateurs des clefs du Code.
Enfin, on a pris grand soin de ne pas citer le grade ni le prénom du destinataire de cette rue, pour ne pas prêter à confusion. Certaines plaques ne comportent que "rue Dieu".
Tout d'abord, revenons sur la clef principale du Code, la grande croix Ankh dont l'Opéra Garnier forme la boucle et dont le centre géographique est le plus révélateur du système.

Pour prouver le sens quasi divin de ce point précis, il suffit de tracer une ligne que l'on baptisera le *Triomphe de Dieu* en joignant n'importe quel point de la rue Dieu à l'Arc de Triomphe. On constate immédiatement que cette ligne traverse bel et bien le centre de la boucle de l'Ankh, identifiée comme représentant la tête du Christ en croix.

Mais la rue Dieu génère de multiples autres alignements plus surprenants les uns que les autres.

L'une des plus célèbres représentations picturales de Dieu est celle de la Chapelle Sixtine, par Michel Ange.

A Paris, la droite reliant le Passage Dieu à l'extrémité Nord de la rue Michel Ange (et Villa Michel Ange) passe sur la Clef de l'Eglise, la Cathédrale Notre-Dame de Paris !

De nombreux alignements célèbrent Dieu dans le Code :
Arc de Triomphe - Opéra Garnier - rue Dieu - rue de la Justice

L'œil de l'Aigle des Buttes-Chaumont qui regarde la Tour Montparnasse (Clef de l'Intelligence) crée une ligne qui traverse la rue Dieu.

Le Grand Œil (Observatoire de Paris) qui regarde la rue Dieu crée une ligne qui traverse le chœur de la Cathédrale Notre-Dame, Clef de l'Eglise !

La ligne Sacré-Cœur - Avenue du Trône traverse la rue Dieu.

La droite Zénith - Maison-Dieu, traverse la rue Dieu.

L'axe joignant la pointe du bec de l'Aigle (point important) à la pyramide du Louvre, traverse la rue Dieu et la rue du Jour pour finir sur le Port du Point du Jour !

Message : l'axe rue de la Clef- rue du Trésor atteint bien entendu… la rue Dieu ! La Providence est l'autre nom donné parfois à Dieu.

En reliant la Cour Saint-Pierre à la Clef de la Mort, on obtient un axe qui traverse la rue Dieu et la rue de la Providence !

Alors pensez-vous vraiment que cette rue est vraiment dévolue au Général Dieu ?

D'autres voies de Paris contiennent le mot Dieu, ce sont le Passage Dieu et la Cour de la Grâce de Dieu.

La ligne reliant la Clef de la Communication (Maison de Radio-France) à la Cour de la Grâce de Dieu passe bien entendu sur la rue Dieu, sans oublier de toucher la Place des Victoires !

Napoléon III est le véritable créateur de la rue Dieu

Le Passage Dieu orienté sur le Passage de la Vérité atteint le pied de la Croix Ankh, signe de Vie (Entre les deux fontaines).
Ces deux fontaines, au pied de la croix ankh qui représente aussi la crucifixion de Jésus comme l'a si bien démontré Thierry Namur, serait une représentation du calice recueillant le sang du Christ, le sang royal (Saint-Graal ?).
La clef de la Création (extrémité de la Fontaine de Varsovie) alignée sur la Cour de la Grâce de Dieu donne une ligne traversant la rue Dieu.

La Providence est un hasard ressenti comme un signe de l'action bienveillante d'une Puissance supérieure.
En théologie chrétienne, c'est la suprême sagesse qu'on attribue à Dieu. C'est aussi Dieu en tant que gouverneur du Monde.
La Providence possède deux voies à Paris : le Passage de la Providence (20ème arr.) et la rue de la Providence (13ème arr.).
Les alignements engendrés par ces voies sont autant de messages envoyés aux chrétiens mais aussi aux croyants en général.
Je vous laisse les interpréter…
Passage de la Providence - Clef de la Mort (entrée du Père Lachaise) - rue Dieu - Société "L'œil ouvert" (n°21, rue Lucien Samplaix) - Entrée principale du cimetière de Montmartre.
Le Passage de la Providence est dans l'alignement Sud du Passage Dieu. Sont aussi alignés : rue de la Providence - rue de la Clef - rue Dieu.
Puis rue de la Providence - Cour du Sphinx - Pyramide du Louvre - centre de l'Ankh - milieu de la boucle de l'Ankh.
Rue de la Providence - Panthéon - Sainte-Chapelle - Musée du Grand Orient de France - Sacré-Cœur de Montmartre.
Rue de la Providence - entrée de l'église de Saint Sulpice - rue du Mont Thabor - entrée de l'église de la Madeleine.
La rue de la Providence est dans l'alignement Sud de Notre-Dame-de-Paris.
Nous avons aussi : Passage de la Providence - Institut Musulman - Séminaire israélite - rue Maison Dieu.
Dieu a-t-il choisi comme saint, Robert Schuman ? C'est tout le propos de cet ouvrage.
Premier alignement significatif : la ligne reliant l'Avenue Robert Schuman à la Cour de la Grâce de Dieu, passe sur la rue Dieu ! La ligne reliant la Cour de la Grâce de Dieu, à la rue de Chazelles (évoquant la

localité où naquit l'Europe), passe sur la Place de l'Europe. N'hésitez pas à vérifier !

Pourquoi, comme un providentiel signe du Ciel, l'Avenue Robert Schuman se trouve-t-elle sur la ligne reliant la rue de la Providence à l'Arc de Triomphe ?
Pourquoi cette dernière passe-t-elle sur la rue de la Renaissance et sur le Jardin Catherine Labouré (n°29, rue de Babylone) ?
Catherine Labouré fut rappelons-le, l'unique témoin du Miracle de la rue du Bac (Médaille Miraculeuse), à l'origine du Drapeau de l'Europe.
Pourquoi enfin, passe-t-elle sur l'Observatoire de Paris, identifié dans le Code, comme le Grand-Œil (l'œil du Grand Architecte de l'Univers) ?

Le pont tournant de la rue **Dieu** franchit le canal Saint-Martin.
La ligne reliant ce pont à l'Avenue **Robert Schuman**, passe sur l'Hôtel **Providence** (n°90, rue René Boulanger).

7 - LA DECLARATION SCHUMAN

La Déclaration Schuman du **9 mai 1950** est considérée comme le texte fondateur de la construction européenne. Ce jour de la **Saint-Pacôme** est devenu une fête : le Jour de l'Europe.

On estime que c'est à **Chazelles** (Scy-Chazelles), chez **Robert Schuman**, au n°10, rue de la Chapelle qu'est née en quelque sorte l'**Union** Européenne : l'Europe.

A Paris, la ligne reliant le Square de l'**Union** au n°10, rue de la Chapelle, passe sur la Place de l'**Europe** !

La ligne reliant la Place de l'**Europe** au Passage de l'**Union**, passe sur l'Avenue Robert Schuman!

Signature du plan Schuman créant la CECA Communauté européenne du charbon et de l'acier européenne du charbon et de l'acier

La Déclaration Schuman et les signatures eurent lieu le 9 mai 1950 à l'Hôtel du Ministère des Affaires Etrangères du Quai d'Orsay, dans le Salon de l'Horloge... juste sous l'Horloge, et la statue de "La France", par le sculpteur Joseph Michel-Ange Pollet. Ce qui se traduit tout simplement dans le Code, par une ligne reliant le Passage de l'**Union** à

la Société "**Signatures**" (n°32, rue Drouot) qui passe bien entendu sur l'Hôtel du Ministère des Affaires Etrangères...
La ligne reliant la Sci du **9 mai** (n°126, Boulevard Saint-Germain) au Square de l'**Union** passe sur l'Avenue **Robert Schuman**!

Salon de l'Horloge de l'Hôtel du Ministère des Affaires Etrangères

Au merveilleux Musée Robert Schuman, à Scy-Chazelles, où le salon de l'horloge a été en partie reconstitué, on peut voir Robert Schuman, en hologramme, relire sa déclaration du 9 mai 1955.

"Saint" Robert Schuman - Une auréole pour l'Europe

A ce bureau est née… l'EUROPE !

La Déclaration Schuman dit en substance : " L'Europe n'a pas été faite, nous avons eu la guerre (...) Trois guerres en moins d'un siècle ont déchiré l'Europe, laissant le continent tout entier exsangue (60 millions de morts) (...).
Le gouvernement français propose de placer l'ensemble de la production franco-allemande de charbon et d'acier sous une Haute Autorité commune (...).
La mise en commun des productions de charbon et d'acier assurera immédiatement l'établissement de bases communes de développement économique, première étape de la Fédération Européenne.
Par la mise en commun de productions de base et l'institution d'une Haute Autorité nouvelle, dont les décisions lieront les pays qui y adhèreront, cette proposition réalisera les premières assises concrètes d'une Fédération européenne indispensable à la préservation de la paix ".
A Paris, fut créé en février 2015 au n°75, rue Bobillot (13ème arr.) une Société "**Pacôme**", qui permet de dater la Déclaration Schuman.
La Providence ne l'a créée que peu de temps pour dater ce fait historique. En effet, elle fut radiée en février 2017… juste le temps de former deux alignements symboliques.
La ligne de 6,66 km reliant la Société "**Pacôme**" à l'Arc de **Triomphe** (Place de l'**Etoile**) passe sur l'Avenue **Robert Schuman**.

La ligne reliant la Société "**Pacôme**" à la rue de **Chazelles**, passe sur la Fondation **Robert Schuman**, n°29, Boulevard Raspail !
La ligne reliant la Fondation **Robert Schuman**, à l'Ambassade du Vatican (Nonciature Apostolique), passe sur l'Avenue **Robert Schuman** !

8 - LE MIRACLE DU DRAPEAU EUROPEEN

Afin de mieux comprendre le monde dans lequel on vit, il est important d'étudier les éléments symboliques qui nous entourent.
Le symbolisme n'est pas une théorie esthétique, mais une manière opérationnelle d'agir sur l'esprit humain.
Peu de gens savent que la création du drapeau européen, les 12 étoiles d'or à 5 branches sur fond bleu, tient d'une origine quasi mystique et chrétienne.

L'idée vient d'un certain Arsène Heitz (1908-1989), un artiste alsacien, domicilié au n° 24, rue de l'Yser, à Strasbourg, employé au courrier du Conseil de l'Europe, qui a présenté son dessin au concours organisé, en 1950, par le Conseil de l'Europe.
Son idée fut retenue parmi les 101 présentés, car l'image ne paraissait pas religieuse. Mais qu'est-ce qui inspira réellement cet artiste ?
Il ne l'a certes jamais révélé, mais en 1989, après sa mort, on retrouva dans les dossiers qui lui servirent à construire son projet, un fait divers dont il s'est indéniablement inspiré.
Il s'agit de la fameuse apparition de la *Vierge à la Médaille Miraculeuse* survenue à Paris chez les Filles de la charité au n°140, rue du Bac, le 18 juillet 1830 devant la religieuse Catherine Labouré.
Présentée par son ange gardien, la Vierge était apparue à Catherine Labouré toute vêtue de bleu et coiffée d'une couronne à 12 étoiles. Elle décrivit avec précision la médaille à son effigie, qu'elle désirait.

"Saint" Robert Schuman - Une auréole pour l'Europe

Cette médaille fut exécutée et largement diffusée sur toute la planète.
A la mort de Catherine Labouré en 1876, on comptait plus d'un milliard de médailles distribuées.
Fort impressionné par ce récit, Arsène Heitz lut un peu plus tard le chapitre 12 de l'*Apocalypse de Saint-Jean* :
Un grand signal apparut dans le ciel : une Mère vêtue de soleil, avec la lune à ses pieds, et une couronne de 12 étoiles sur la tête.
Tout ceci forma dans l'esprit d'Arsène Heitz, l'image des 12 lumières sur un manteau bleu céleste.

Voici l'origine du drapeau de l'Europe !

Vierge à la Médaille Miraculeuse - Arsène Heitz (1908-1989)

9 - LA MEDAILLE MIRACULEUSE

Le soir du 19 juillet 1830, jour de la Saint-Vincent, à Paris, chez les Filles de la Charité, au n°140, rue du Bac (7ème arr.), la religieuse novice Catherine Labouré, 24 ans, assista à un miracle : l'apparition de la Vierge à la Médaille Miraculeuse.

Elle s'était entretenue avec elle pendant plus de 2 heures ! Cas rarissime ; les apparitions ne durent que quelques minutes en général. Elle lui montra les deux faces d'une médaille qu'elle désirait voir frappée à son effigie, et lui annonça une série d'évènements tragiques qui devaient s'avérer exactes 40 années plus tard (caractère unique dans les annales des apparitions mariales). La droite reliant la rue Saint-Vincent au 140, rue du Bac passe sur le centre de la boucle de l'Ankh.

Reconstitutions du miracle visibles rue du Bac

La Médaille Miraculeuse exécutée d'après les indications de la Vierge

"Saint" Robert Schuman - Une auréole pour l'Europe

Il existe à Paris la Chapelle Notre-Dame de la Médaille Miraculeuse, bâtie rue du Bac à l'endroit même de l'apparition mariale.
Cet endroit est devenu un haut lieu de la Spiritualité ; il reçoit 3000 visiteurs par jour !
Une autre église portant ce nom se trouve à Malakoff, rue Pierre Larousse. Etrangement, c'est cette Eglise Notre-Dame de la Médaille Miraculeuse qui permet de dater le jour de la sainte apparition : la ligne joignant le bec de l'Aigle à cette église crée un axe qui traverse le chœur de Notre-Dame de Paris et l'Impasse Saint-Vincent.
Alignée sur la rue Saint-Vincent, cette église fournit une ligne qui traverse la boucle de l'Ankh et le Jardin Catherine Labouré !
La droite joignant la Cathédrale Notre-Dame de Paris et l'église de l'Apparition de la Sainte-Vierge (n°90, Boulevard Exelmans) passe par l'église Notre-Dame de la Médaille Miraculeuse (rue du Bac).
La Chapelle de la Médaille Miraculeuse a étrangement été épargnée par le grand incendie qui ravagea en octobre 1915 le célèbre grand magasin Au Bon Marché, qui jouxte ce sanctuaire…
On trouve aussi au n°40, rue Gassendi le Lycée Technique Catherine Labouré. L'axe formé par ce lycée et l'Eglise Notre-Dame de la Médaille Miraculeuse de Malakoff, mène à l'entrée du Panthéon.
Au Bois de Vincennes existe une autre rue du Bac qui, alignée sur celle du 7ème arr. (endroit exact du miracle) forme une droite atteignant la Tour Eiffel, symbole de Paris. Il faut dire qu'il s'agit de l'unique miracle marial qui se produisit à Paris…
Arsène Heitz qui faisait partie de l'Ordre de la Médaille Miraculeuse, a-t-il été téléguidé pour devenir celui qui devait créer le Drapeau de l'Europe ? Assurément !
En effet, la nuit de l'apparition de la rue du Bac, 18 juillet 1830, est la nuit qui amène à la Saint-Arsène … le 19 juillet !
Le 8 octobre 1955, le dessin d'Arsène Heitz fut officiellement adopté comme symbole de l'Europe. Ce drapeau fut baptisé *Plénitude*.

"Saint" Robert Schuman - Une auréole pour l'Europe

PLENITUDE

Bien entendu, le récit de la création du drapeau tel qu'il est présenté ici, n'est pas du tout la version retenue par le Conseil de l'Europe.
Mais l'année suivante, comme par hasard (et surtout comme un aveu) le Conseil de l'Europe offrit à la Cathédrale Notre-Dame de Strasbourg un vitrail, œuvre de Max Ingrand, où est représentée la Vierge Marie vêtue de bleu et couronnée par les 12 étoiles à 5 branches !
Ce vitrail de l'Europe est visible au fond de l'abside.
Pourtant, en 1989, personne n'était censé savoir ce qui avait inspiré Arsène Heitz, l'auteur du drapeau !
Remarque : Max Ingrand, fervent catholique, a réalisé les vitraux de la chapelle Saint-Hubert où est inhumé Léonard de Vinci, à Amboise (Indre et Loire)...
Lors de sa visite éclair à Strasbourg le 25 novembre 2014, le pape François, invité par les institutions européennes, n'est pas venu en France (le Parlement Européen est extraterritorial) et de ce fait, n'a pu se recueillir à la Cathédrale. Mais il a tout de même rencontré Notre-Dame de Strasbourg et un bout de cathédrale.
En effet, à son arrivée au Palais de l'Europe, on lui a présenté une photo grandeur nature du fameux vitrail de l'Europe de Max Ingrand, qui orne la baie axiale du chœur de la Cathédrale.
Etrange cette rencontre indirecte à deux jours de la Fête de la Médaille Miraculeuse (27 novembre) et au surlendemain de la Saint-Colomban (23 novembre) !

"Saint" Robert Schuman - Une auréole pour l'Europe

"Saint" Robert Schuman - Une auréole pour l'Europe

Le Pape François 1er, le 25 novembre 2014 à Strasbourg

10 - HISTORIQUE DU DRAPEAU

Les discussions, réunions, commissions furent innombrables, de 1949 à 1955 concernant le projet du Drapeau de l'Europe.
En 1950, c'était Paul M.G Lévy (un juif devenu catholique pendant la seconde guerre mondiale) qui était le Directeur du Service de Presse du Conseil de l'Europe.
C'est donc lui qui fut chargé de faire aboutir le projet. Problème : il ne savait pas dessiner ! Il s'adressa donc à l'un de ses employés du service du courrier, un certain Arsène Heitz, de nationalité autrichienne, peintre, dessinateur et…bon catholique, comme lui.
Bien entendu, il était important d'éviter une quelconque signification religieuse en vertu de la sacro-sainte laïcité.
Après plusieurs hésitations, Arsène Heitz proposa son croquis définitif : 12 étoiles jaunes sur fond bleu.
En effet, le Parlement Européen était conçu pour 12 nations… Paul Lévy fut secrètement d'accord pour faire aboutir le projet de

M. Heitz en sauvant les apparences, afin de respecter la neutralité la plus absolue. Malgré plus de 100 projets qui furent en concurrence, c'est le Drapeau d'Arsène Heitz qui triompha fortuitement au dernier moment le 8 décembre 1955 (fête de l'Immaculée Conception !), à l'unanimité, sans que personne n'ait pu chercher cette divine coïncidence. Ce jour-là, le Drapeau de Notre-Dame, Reine de la Paix, est devenu le Drapeau l'Europe !

Le Drapeau de l'Europe du grand vitrail de la Cathédrale de Strasbourg

"Un signe grandiose est apparu dans le ciel, une femme revêtue du soleil, la lune sous ses pieds, et sur sa tête une couronne de 12 étoiles "(Apocalypse XII, 1).

Arsène Heitz, parlait des 12 étoiles de la Médaille Miraculeuse, Paul Lévy, professeur d'économie politique, parlait plutôt du chapitre 12 de l'Apocalypse…

Le Drapeau de l'Europe est le drapeau du Conseil de l'Europe, et celui-ci n'en a jamais comporté 12, mais successivement 6,9,15, et 28 actuellement (2019).

Les 28 membres de l'Europe, à Scy-Chazelles

Certains chercheurs ont noté que ce drapeau a été officiellement présenté au public quatre jours après son adoption, soit le 13 décembre 1955, fête de Sainte-**Lucie**, un nom très proche de celui de **Lucifer**, dans ce contexte précis où l'on est à 18 jours (6+6+6) de la fin de l'année...

Coïncidence ? Lucie Dos Santos (future sainte ?) est connue pour avoir été le témoin de l'apparition mariale de Fatima en 1917.

On constatera qu'en 2009, célébration des 60 ans du Conseil de l'Europe, la façade du bâtiment arborait trois grands panneaux sur lesquels la surélévation du "6" faisait apparaître un nombre "666" subliminal... Coïncidence encore ? (Source : Bibleetnombre)

11 - ARSENE EST CODE !

Même si Arsène Heitz n'a pas de rue dans Strasbourg, son adresse du n° 24, rue de l'Yser, un grand immeuble de la Capitale alsacienne parle pour lui et se souvient, en créant un étonnant alignement symbolique.

En effet, le n° 24, rue de l'Yser, la statue de Pierre Pflimlin (à l'Orangerie), l'Avenue de l'Europe, l'entrée du Conseil de l'Europe et l'entrée du Parlement Européen sont rigoureusement alignés ! Pierre Pflimlin fut Président du Parlement Européen...

"Saint" Robert Schuman - Une auréole pour l'Europe

Dans cet immeuble fut imaginé le drapeau européen

La statue semble se diriger vers le Parlement Européen sur une portion de la ligne virtuelle partant du n° 24, rue de l'Yser

Concernant le rapport miraculeux qui semble exister entre le drapeau de l'Europe et la Sainte Vierge (Notre-Dame), une ligne le confirme : la ligne reliant la rue du **Miracle** (située derrière la clinique Sainte-Anne) au vitrail de **Notre-Dame** couronnée des 12 étoiles (abside de la Cathédrale) traverse la cour du **Parlement Européen**.

D'ailleurs, cette ligne est clairement matérialisée au sol dans le pavement de la cour elliptique intérieure.
Cette ligne repère part d'un gros globe de verre baptisée "United Earth" (2005), et indique la direction de la Cathédrale de Strasbourg. On peut aussi assimiler cette boule à un globe oculaire (l'œil de Dieu ?).

Arsène Heitz : une trace dans Strasbourg...

La trace du motif réel du choix d'Arsène Heitz (1908-1989), a été retrouvée en 1987, soit deux ans avant sa mort, dans la revue belge *Magnificat*, dans laquelle il déclarait être très fier que le drapeau de l'Europe soit celui de Notre-Dame.
Sa veuve confirmera d'ailleurs cette version qu'il fallait garder secrète en raison des autres religions d'Europe. Sur la carte de Paris, le mot-clef "**Yser**" associé à la création du drapeau de l'Europe à 12 étoiles, grâce à Notre-Dame de la Médaille Miraculeuse de la rue du Bac, figure dans deux alignements très spectaculaires voir "divins".
La ligne reliant la rue **Dieu** à la rue de **Strasbourg** (à Courbevoie), passe sur le Boulevard de l'**Yser**, la Place de l'**Europe**, la rue de **Londres** et le siège du **Grand-Orient** de France (n°16, rue Cadet - 9ème arr.).

La ligne reliant la chapelle Notre-Dame de la Médaille Miraculeuse (n°140, rue du Bac) au Boulevard de l'**Yser**, passe sur la rue de l'Etoile. Cette ligne passe sur la rue François 1er, qui est le véritable nom du Pape, au moment où j'écris ces lignes.
Est-ce lui qui canonisera Robert Schuman, le Père de l'Europe ?

La boule de verre et la direction de la Cathédrale

Arsène est un prénom masculin, du grec "arsen", mâle.
Ce nom est donné en l'honneur de Saint-Arsène de Scété ou Arsène le Grand, né vers l'an 350, Saint de l'église catholique.
Le prénom Arsène est fêté le 8 mai (veille du Jour de l'Europe, et anniversaire de la Déclaration Shuman!) en l'honneur d'Arsène le laborieux (XIVe siècle), moine de la Laure des Grottes (monastère orthodoxe), de Kiev (Ukraine).

Une autre proposition de drapeau

Plusieurs dizaines de propositions de drapeaux furent soumises au directeur de l'Information du Conseil de l'Europe par Arsène Heitz.
On remarquera que cet artiste très croyant était très porté sur le christianisme.
Dans une lettre du 5 janvier 1952, il proposait un drapeau européen inspiré de l'étendard de Charlemagne, dont il avait recueilli les renseignements à la bibliothèque Château des Rohan, à Strasbourg.

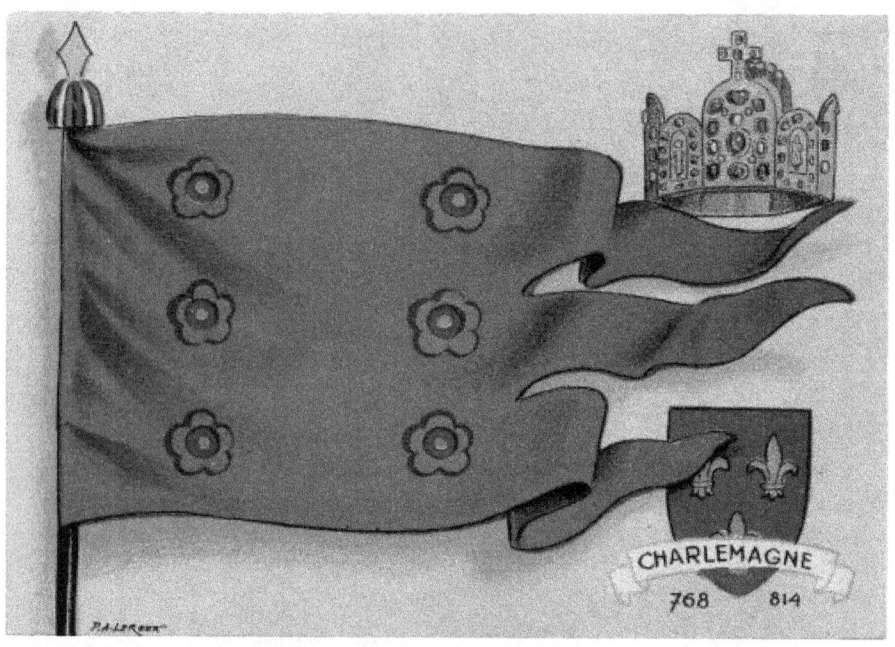

Ce drapeau vert (dont il est possible de varier la teinte), en souvenir de l'Étendard donné à Charlemagne par le Pape LéonIII, lors du sacre à Rome, présentait l'avantage de pouvoir facilement y insérer de nombreux nouveaux États participants.
Arsène Heitz proposait d'y inclure une croix rouge au liseré d'or, symbolisant le sacrifice et la fraternité des peuples unis dans un même idéal, ainsi que la prospérité et la civilisation qui résultera de cette union.
Le fait de mettre une croix pouvait symboliser l'avènement d'une Europe plus complète que celle de l'Empire. (Source : Archives historiques du Conseil de l'Europe).

Le drapeau européen a 15 étoiles inversées

Le 25 septembre 1953, Robert Bichet (1903-2000), Secrétaire Général du MRP, propose un fond d'azur portant un cercle de quinze étoiles d'or (le Conseil de l'Europe comporte alors 15 États membres).

L'Assemblée du Conseil de l'Europe, à la majorité, l'adopte comme emblème pour elle-même et le recommande au Comité des ministres pour le Conseil de l'Europe dans son ensemble.

Après l'opposition de l'Allemagne, le comité revint alors aux étoiles d'or, en fixant le nombre de façon définitive à douze, symbolisant la perfection, la plénitude, l'unité, et le "mouvement dans la stabilité".

Cachet sec à 15 étoiles inversées de l'avant dernière proposition du drapeau européen

Le lancement du drapeau européen

Le Ministre irlandais des Affaires étrangères, Liam Cosgrave, alors président du Conseil européen, inaugura solennellement le Drapeau de l'Europe (adopté le 8 décembre 1955) au Château de la Muette, à Passy (n°2, rue **André Pascal**), devant les quatorze autres ministres, le 13 décembre (jour de la **Sainte-Lucie**) de la même année.

Beau symbole : c'est le 21 octobre 1783, dans le parc de ce château, et devant le roi Louis XVI que s'envola à une altitude vertigineuse de... 85

mètres, la première Montgolfière (baptisée **Le Réveillon**) habitée par deux courageux humains, Pilâtre de Rozier et le Marquis d'Arlandes.

Dans Paris, la ligne reliant la Sci du **Réveillon** (n°6, rue du Cloître Notre-Dame) à la rue du **Marquis d'Arlandes**, passe sur le Square **Louis XVI** !
La ligne rue Montgolfier - Château de la Muette et Allée Pilâtre de Rozier, traverse la Clef de la Mise au Monde (Esplanade des Droits de l'Homme du Trocadéro.
La ligne reliant la Grande Galerie de l'Evolution (n°36, rue Geoffroy-Saint-Hilaire) à la Sarl **Envol** (n°98, rue Lepic), passe sur la Sci du **Réveillon** (n°6, rue du Cloître Notre-Dame)
Le ballon "Le Réveillon", avait les couleurs de Louis XVI, mais aussi de la future Europe ! Bleu d'azur et or.
La ligne reliant la rue André Pascal (Château de la Muette) à l'Eglise **Notre-Dame de la Médaille Miraculeuse** (Malakoff), passe sur la Clef de la Communication (Maison de Radio-France) et la rue **Sainte-Lucie** !
L'entrée de la Cathédrale **Notre-Dame** de Paris, la rue **Saint-Benoît** (patron de l'Europe), la **rue du Bac** (rue du miracle de la Médaille

miraculeuse) et l'entrée du **Château de la Muette**, à Passy (n°2, rue **André Pascal**), sont alignés.
La ligne reliant la Maison de l'Europe (29, Avenue de Villiers) à l'entrée du Château de la Muette, à Passy, passe sur l'Arc de Triomphe !

Un drapeau voulu par Dieu ?

La Clef de la Création (naissance, mise au monde,) est le Parvis des Droits de l'Homme et du Citoyen du Trocadéro.
Il existe une Sarl Arsène au n°8, rue Chabanais.
Au n°58, rue de Clery, se trouve la société Paris-Drapeau

La ligne reliant la Clef de la **Création** à la rue **Dieu** passe sur la Sarl **Arsène** et la société Paris-**Drapeau**.
Très parlant également, cet alignement généré par "Le Bistro d'Arsène" (n°10, rue Arsène Houssaye)…
La ligne reliant la **Place de l'Europe** à l'Arc de **Triomphe**, passe sur ce Bistro d'**Arsène** !
Certains européen, par souci de laïcité, aimeraient que le drapeau européen, ouvertement chrétien, avec ses 12 étoiles de Marie, soit remplacé.
Mais dans ce cas, pourquoi ne pas changer également le drapeau français?
En effet, le bleu du drapeau tricolore provient de la couleur de la chape de Saint-Martin, le rouge de Saint-Denis et le blanc de la monarchie…

C'est le 7 mai 2017, veille de la Saint-Arsène (8mai) et avant-veille du Jour de l'Europe, que l'artiste de rue britannique Banksy a mis en ligne les clichés de son œuvre illustrant le brexit.
On peut voir un ouvrier juché sur une échelle en train de s'affairer à effacer une des étoiles du drapeau européen.
Dans un certain axe, l'échelle semble posée sur une ancre de marine (un clin d'œil à Marine Le Pen ?).
Cette date n'est pas un hasard.
Ce jour-là, les Français se rendaient aux urnes pour élire leur nouveau président de la République.
Une élection qui a vu la victoire du pro-européen Emmanuel Macron face à l'europhobe Marine Le Pen.

"Saint" Robert Schuman - Une auréole pour l'Europe

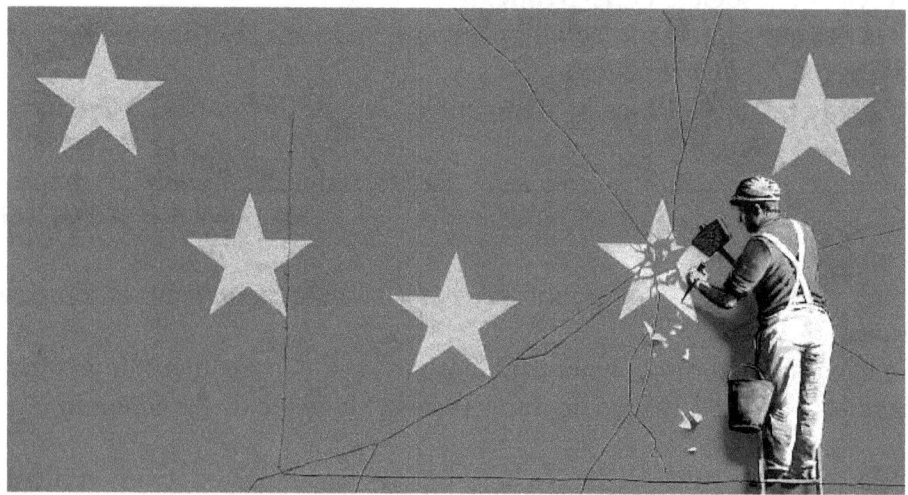

Œuvre de Banksy, à Douvres (Royaume-Uni), illustrant le Brexit.

12 - LE SECRET DE L'ETOILE

Au pied du Palais de l'Europe, sur le trottoir longeant l'Avenue de l'Europe, 14 étoiles en bronze sont alignées depuis le 3 mai 2014. Ce sont les "Dalles Historiques de l'Europe". Des phrases de différentes personnalités évoquant Strasbourg et l'Europe sont gravées. Il y a le Général de Gaulle, le Pape François, Ban ki Moon, Winston Churchill, Taras Chevichenco, Carlo Sforza, René Cassin, François Mitterrand, Helmut Kohl, Ernest Bévin, Abdallah II, Alexander Dubcek, etc…

L'une des étoiles concerne Robert Schuman (1886-1963) qui fut de 1958 à 1960 le premier président du Parlement européen, lequel lui décerne, à la fin de son mandat, le titre de " Père de l'Europe" (père fondateur de la construction européenne).

Sa phrase (déclaration du 9 mai 1950), inscrite dans l'étoile, cache un petit secret que peu de gens connaissent.

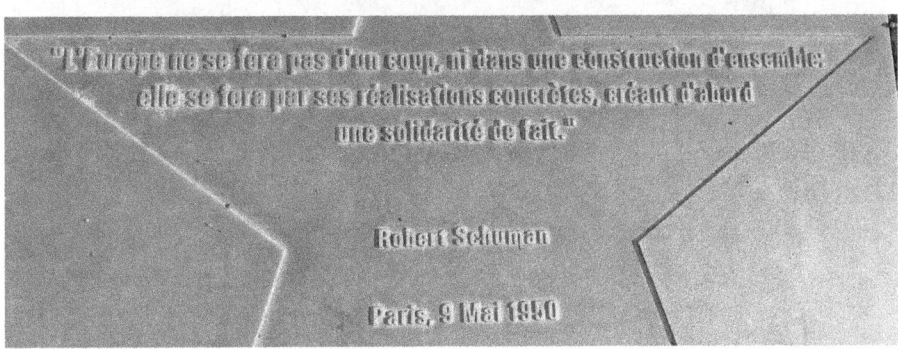

"Saint" Robert Schuman - Une auréole pour l'Europe

En effet, lorsque vous rédigez un chèque bancaire, vous devez obligatoirement le dater. Cette date se retrouve ainsi soulignée par une ligne qui en fait n'en est pas une.

Si on l'observe à la loupe ou au microscope, cette ligne est la longue phrase contenue dans l'étoile. Mais elle est si minuscule que votre œil ne la distingue pas :
Ce scan présente le début de la séquence: "**Le**_____":
LEUROPENESEFERAPASDUNCOUP et en totalité:
LEUROPENESEFERAPASDUNCOUPNIDANSUNECONSTRUC TIONDENSEMBLEELLESEFERAPARDESREALISATIONSCO NCRETESCREANTDABORDUNESOLIDARITEDEFAIT
En insérant la typographie usuelle avec ses espaces, virgules, apostrophes... on obtient la phrase suivante :
«L'Europe ne se fera pas d'un coup, ni dans une construction d'ensemble : elle se fera par des réalisations concrètes créant d'abord une solidarité de fait.».

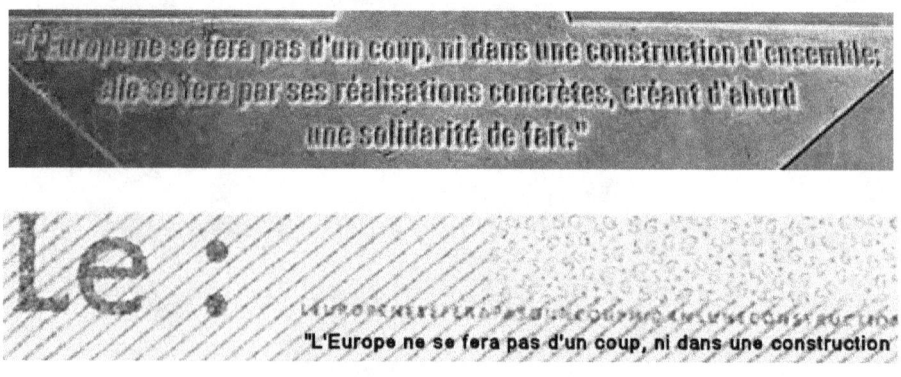

"Saint" Robert Schuman - Une auréole pour l'Europe

> d'ensemble. Elle se fera par des réalisations concrètes, créant d'abord une solidarité de fait."

Au-delà de l'importance historico-politique de la Déclaration Schuman, se pose la question du "pourquoi cette phrase sur nos chèques"? Message subliminal favorisant l'adhésion des français au principe Européen ou sécurité de plus pour prémunir les chèques de la contrefaction ?

Robert Schuman signant la Déclaration Schuman dont le texte fut rédigé par Jean Monnet, le 9 mai 1950, dans le Salon de l'Horloge du Quai d'Orsay (Ministère des Affaires Etrangères et Européennes.

A Paris, l'axe Square Robert Schuman - Place Jean Monnet, amène sur cet endroit.

13 - LE PLUS GRAND DRAPEAU DU MONDE

Le 16 novembre 2015, jour de Sainte-Marguerite, à l'occasion des cérémonies commémoratives des 50 ans du Drapeau de l'Europe, un groupe d'adolescents, réunis devant le siège du Conseil de l'Europe, ont placé 12 étoiles dorées sur un immense étendard bleu de 45 mètres sur 25, constituant ainsi le plus grand drapeau du monde, selon le livre Guinness des records. (EC audiovisual photo).

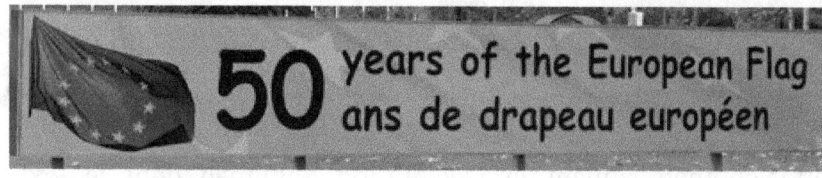

14 - "SAINT" ROBERT SCHUMAN

MIRACLE : *Fait positif extraordinaire, en dehors du cours naturel des choses, que le croyant attribue à une intervention divine providentielle et auquel il donne une portée spirituelle.*

Les saints du futur seront-ils des saints en veston ?
Robert Schuman, le "père de l'Europe" voulu être prêtre, il resta célibataire toute sa vie. Depuis sa plus tendre enfance, Robert Schuman n'a jamais pu commencer une journée sans son chapelet, qu'il égrenait chaque jour. Deviendra-t-il un jour Saint-Robert ?
Le prénom Robert provient des mots germaniques hrod et berht qui signifient "gloire" et "brillant".

Robert protecteur et protégé du Très Haut

A 17 ans, il se fit promoteur des pèlerinages luxembourgeois à Lourdes. A l'aube, il méditait invariablement un passage de la Bible, et chaque fois qu'il le pouvait, il participait à la Messe, toujours en compagnie de Marie, *"notre mère bien-aimée"*, comme il se plaisait à dire.
En 1940, Schuman fut arrêté par la Gestapo pour avoir refusé de collaborer.
En août 1942, il s'échappe et trouve refuge dans le monastère du Ligugé, puis rejoindra la clandestinité allant de communautés religieuses en prieurés jusqu'à la Libération.
A l'Assemblée Nationale, Robert Schuman se fit le défenseur de la foi catholique, et lutta pour le maintien du statut religieux et scolaire

alsacien et lorrain. L'Alsace est encore la seule région où l'Etat n'est pas séparé de l'Eglise.

Lourdes, La Salette, la Chapelle de la Médaille Miraculeuse à Paris étaient ses relais mariaux préférés.

La Médaille Miraculeuse de la rue du Bac - cette haute distinction qui récompense les plus fervents serviteurs de l'Europe, a été remise officiellement à Robert Schuman.

La Béatification

En 1988, son ancien secrétaire, fonde à Montigny-lés-Metz, l'Institut Saint-Benoît - Patron de l'Europe, qui a pour mission de promouvoir le rayonnement de la sainteté présumée de Robert Schuman et de faire prier pour sa cause.

Un procès diocésain en béatification à son nom a été ouvert en 1990. En attendant son jugement, il bénéficie depuis 2004 du titre de "Serviteur de Dieu".

Au Vatican, la Commission pour la Cause des Saints est à l'étude, mais celui-ci est en attente d'un miracle officiellement reconnu et authentifié, élément nécessaire pour être sanctifié.

L'enquête devrait s'achever prochainement, dans l'attente du jugement de l'Église.

La canonisation ouvrant droit à un culte universel ne peut être prononcé que si le défunt produit deux miracles.

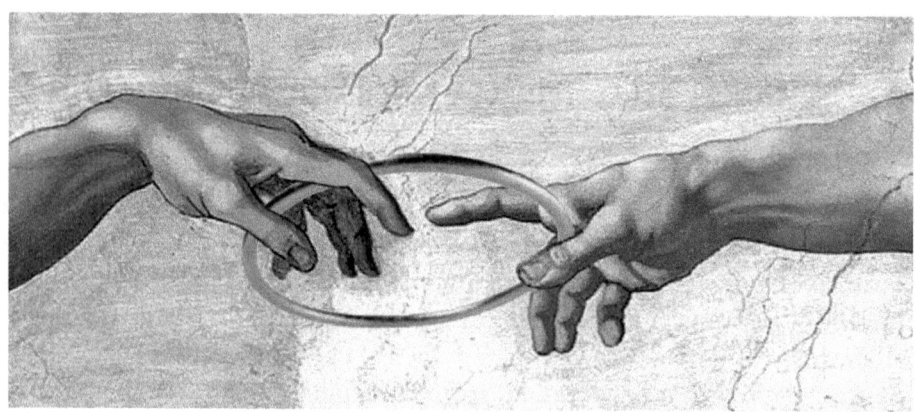

Le Cardinal Paul Poupard (89 ans), président du Conseil Pontifical pour la Culture au Vatican a déjà fait savoir que **"la création de l'Europe**

était un miracle" qui pourrait être pris en compte pour la béatification éventuelle de Robert Schuman.

En d'autres termes, il ne resterait qu'un miracle avéré pour qu'il devienne "Saint-Robert".

Curieusement, l'étoile de Robert Schuman se trouve juste devant l'étoile du Pape François (François 1er). Ce dernier sera-t-il celui qui aura le privilège de le déclarer Saint ?

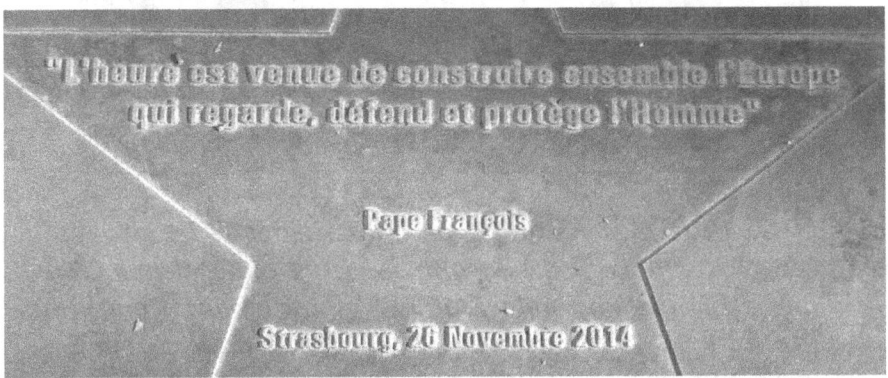

Mais concernant ce Miracle de l'Europe, il est intéressant de constater qu'il existe une ligne de 16 kilomètres, très précise et significative, reliant l'Eglise Saint-Benoît (quartier de Hautepierre) au Pont de l'Europe.

Cette ligne passe sur la Cathédrale de Strasbourg, et très précisément sur le vitrail représentant la Vierge Marie auréolée de la couronne à 12 étoiles sur fond bleu et symbole marial extrait de l'Apocalypse, que le peintre alsacien **Arsène Heitz** venait de proposer comme symbole du Conseil de l'Europe.

"Saint" Robert Schuman - Une auréole pour l'Europe

Au pied du vitrail de l'Europe de Max Ingrand se trouve cette inscription : *"Au milieu du siècle, afin de mettre un terme à leurs luttes, les peuples d'Europe s'assemblèrent à Strasbourg pour accomplir cette œuvre. Ils firent choix de Jacques-Camille Paris, qui les a bien servis. Donné par l'Europe. Réalisé par Max Ingrand.* Le vitrail fut béni par Monseigneur Weber le 21 octobre 1956, en présence de Pierre Pflimlin, maire de Strasbourg.

Strasbourg : Eglise Saint-Benoît (quartier de Hautepierre)

Je pense pouvoir confirmer par les alignements l'affirmation du Cardinal Poupard. En effet, la ligne de 5 kilomètres reliant la rue du

Miracle à l'entrée de la **Cathédrale** de Strasbourg (symbole de l'Eglise) passe bel et bien sur le Parlement Européen, et en particulier sur la cour elliptique.

Mais le fait que le Conseil de l'Europe soit situé au bout de l'Allée de la **Robert**sau dans le quartier de la **Robert**sau, que le Conseil de l'Europe, le Parlement Européen, mais aussi l'Avenue Robert Schuman soient dans ce quartier très connoté "Robert" n'est-il pas déjà un miracle ?

Les habitants de ce quartier sont des **Robert**sauviens !

Le nom de ce quartier et de cette Allée fut donné en 1773, donc bien avant la naissance de Robert Schuman !

Robertsau signifie "**Pré-Robert**"; c'était à l'origine une île entre le Rhin et l'Ill qui formait une seigneurie appartenant en 1197 à un certain Ruprecht (Robert) Bock, un seigneur qui eut 20 enfants et dont la famille ne s'éteindra qu'en 1717.

Notons que l'entrée des voitures officielles qui se rendent au Conseil de l'Europe, se fait au bout de l'Allée de la **Robert**sau, où commence l'Avenue de l'Europe (baptisée ainsi en 1957).

Auparavant, elle faisait partie de l'Allée de la **Robert**sau, premier alignement d'arbres attesté à Strasbourg. Son terre-plein central est planté de Sycomores, symboles de la régénération.

"Saint" Robert Schuman - Une auréole pour l'Europe

Palais de l'Europe.

A Strasbourg, il existe une rue du **Chevalier Robert**, qui peut convenir symboliquement à Robert Schuman, celui-ci étant Chevalier de la Légion d'Honneur.

Il existe également derrière la Clinique Sainte-Anne, une rue du **Miracle**.

L'axe rue du **Miracle** - rue du **Chevalier Robert** nous amène dans le parc du "**Lieu d'Europe**" !

Robert Schuman est né au Luxembourg. Etrangement, à Strasbourg la Représentation Permanente du **Luxembourg**, est situé au n°65, Allée de la **Robert**sau !

Créé en 2014 dans la Villa Kayserguet (quartier de la **Robert**sau, à l'angle de l'allée Kastner et de la rue Boecklin), le "Lieu d'Europe", est un lieu d'éducation à la citoyenneté européenne qui a pour vocation de faire connaître l'Europe aux citoyens et de renforcer leur sentiment d'appartenance à une communauté de valeurs.

Tout l'historique de la naissance de l'Europe à nos jours est expliqué à travers des photos, des films, des enregistrements sonores etc...

La ligne reliant l'entrée de la **Cathédrale** de Strasbourg (symbole de l'Eglise) à la rue du **Chevalier Robert**, passe sur l'Avenue du Président **Robert Schuman**.

La ligne reliant la rue de la **Toussaint** (évoquant la fête de tous les Saints), à la rue du **Chevalier Robert**, passe comme par miracle sur le **Parlement Européen**.
La ligne reliant la rue de l'**Eglise** à la rue du **Chevalier Robert**, passe aussi sur le **Parlement Européen**.
La ligne reliant la rue du **Miracle** à la Mission Permanente du **Saint-Siège** auprès du Conseil de l'Europe (ambassade du Vatican) située au n°2, rue le Nôtre, passe sur l'Avenue du Président **Robert Schuman**.
La ligne reliant la rue du **Chevalier Robert**, à l'Ambassade du **Vatican** à Strasbourg (n°2, rue le Nôtre) passe sur l'Avenue du Président **Robert Schuman**.
L'entrée de la **Cathédrale** de Strasbourg (symbole de l'Eglise), l'Ambassade du **Vatican**, l'Avenue du Président **Robert Schuman** (extrémité Est) et la rue du **Chevalier Robert** sont strictement alignés.
Pour terminer, je citerais ce dernier alignement qui pourrait sembler totalement farfelu voir "tiré par les cheveux" : il existe à Strasbourg au n°36, rue de la 1ère Armée, le **Salon MIRACLE**, un salon de coiffure.

"Saint" Robert Schuman - Une auréole pour l'Europe

Que se passe-t-il, si nous traçons une longue ligne de 5 km reliant ce salon à la rue du Miracle ?
Elle passe comme par miracle sur l'Avenue du Président **Robert Schuman** !

Le 25 novembre 2014, jour de la Sainte-Catherine, le Pape François s'est rendu spécialement au Parlement Européen de Strasbourg pour prononcer deux discours en italien. Depuis octobre 1988, aucun Pape n'était venu à Strasbourg.

Créons un axe Ambassade du Vatican (n°2, rue le Nôtre) - rue Sainte-Catherine. Que constatons-nous ? Il passe sur l'Avenue du Président Robert Schuman, et au nord, sur la rue du… Miracle !
Quelles autres signes divins faut-il de plus pour le catapulter "saint" ?

"Saint" Robert Schuman - Une auréole pour l'Europe

Autre étrangeté concernant le destin de Robert Schuman.

Il est né dans la ville de Luxembourg où sa maison natale existe toujours, à moins de 300 mètres du bâtiment du Secrétariat Général du Parlement Européen qui porte son nom.

La maison se trouve dans le district de kirchberg (montagne de l'église), un nom prédestiné pour un futur saint !

Robert Schuman est inhumé depuis 1966, à 40 mètres de la maison où il vécut à partir de 1926, et où la mort est venue en 1963, lui imprimer le baiser libérateur.

Son corps repose dans l'église Saint-Quentin de Scy-Chazelles près de Metz.

L'église est située dans l'ancien village de Chazelles. La maison de Robert Schuman se trouve juste devant une église, et la Maison du Sacré-Cœur.

"Saint" Robert Schuman - Une auréole pour l'Europe

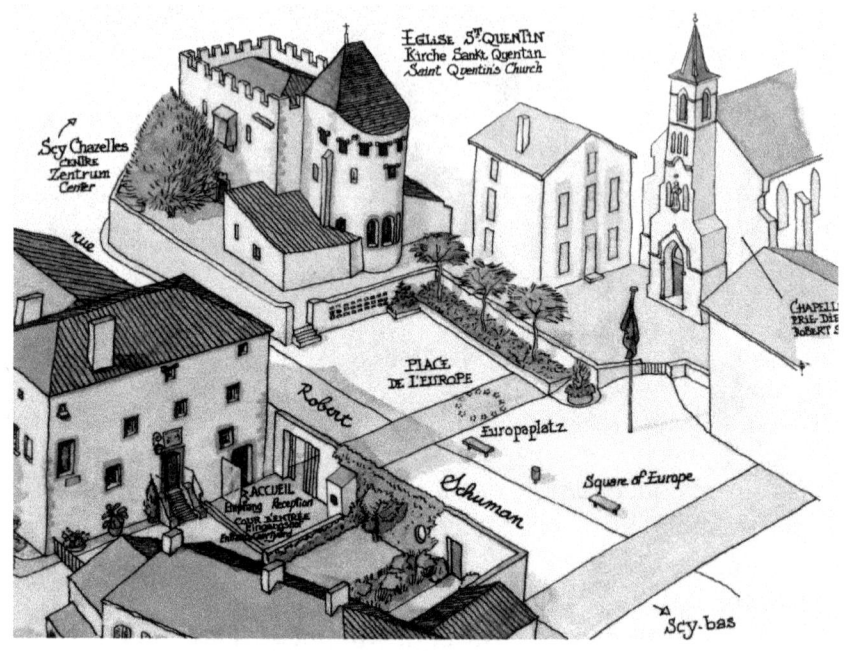

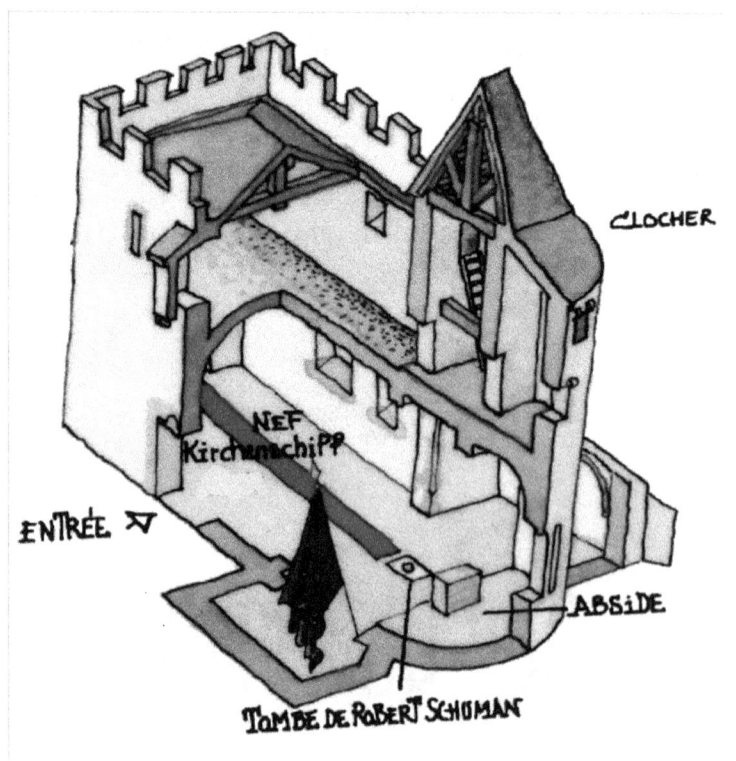

"Saint" Robert Schuman - Une auréole pour l'Europe

Tombe de R.Schuman dans l'église fortifiée St-Quentin (XIIème s.)

La tombe de Robert Schuman est devenue un lieu d'adoration eucharistique et le lieu même d'où a été lancé le procès en béatification du père fondateur de la construction européenne.

Devant la tombe de Robert Schuman, au-dessus du Maître Autel, figure une fresque très ancienne représentant une grande étoile étincelante à 5 branches (comme dans le drapeau de l'Europe) entourée de 19 petites étoiles (également à 5 branches), entourées d'une couronne de fleurs (auréole ?). Robert Schuman est-il la 20ème étoile ? Que signifie ce message ? Des étoiles en cercle font indiscutablement penser au Drapeau de l'Europe.

"Saint" Robert Schuman - Une auréole pour l'Europe

Cette fresque est un élément fondamental à verser au dossier de béatification de Robert Schuman ; sa présence en ce lieu est tout simplement miraculeuse, car le plus extraordinaire est que cette fresque existait des siècles avant que le Père de l'Europe ne repose à ses pieds, comme le confirme une ancienne carte postale que je me suis procuré.

Cette fresque peut être interprétée comme étant la couronne mortuaire du Père de l'Europe.

Elle attendait semble-t-il "Saint" Robert Schuman, depuis plus de 7 siècles… Mais que peut bien signifier ces 19 étoiles ?

L'arcane Le Soleil (notre étoile) est la dix-neuvième lame du Tarot de Marseille.

Il symbolise la puissance du raisonnement, de l'intelligence et de la logique.

C'est l'éclairage et la compréhension directe d'une situation. C'est aussi une image du pouvoir de cette intelligence.

Le Soleil représente l'énergie dominante et une position sociale de direction, dans un esprit humaniste. C'est savoir diriger dans l'intérêt de tous.

Avant l'arrivée du télescope, les astronomes européens estimaient qu'il n'existait que 19 constellations seulement dans les cieux de l'hémisphère nord.

Le 19 est le Nombre du Fils de Dieu. Le mot étoile est employé 19 fois dans le Nouveau Testament.

Le 20 octobre 2012 a été dévoilé devant la maison de Robert Schuman à Scy-Chazelles, le monument "Hommage aux Pères fondateurs de l'Europe".

Les quatre principaux Pères de l'Europe sont représentés par des statues grandeur nature sur un disque de 4 m de diamètre orné des 12 étoiles et une carte de l'Europe sur parchemin.

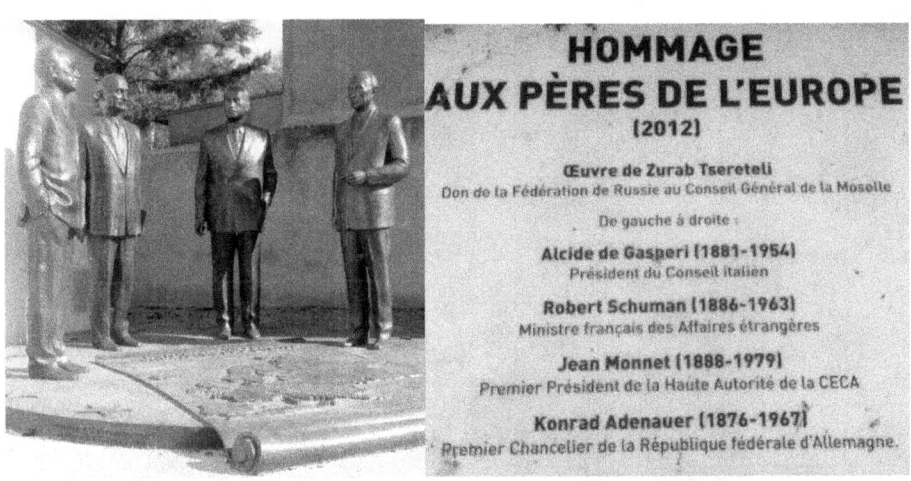

"Saint" Robert Schuman - Une auréole pour l'Europe

Les quatre fondateurs de l'Europe : Alcide de Gasperi, Robert Schuman Jean Monnet et Konrad Adenauer.

On remarquera au passage que Robert Schuman a vécu et est décédé à Scy-Chazelles (coordonnées géographiques 49°11' Nord - 6°11' Est), soit dans l'alignement précis de sa maison natale du quartier Clausen de Luxembourg, soit 49°36' Nord, 6°08' Est.

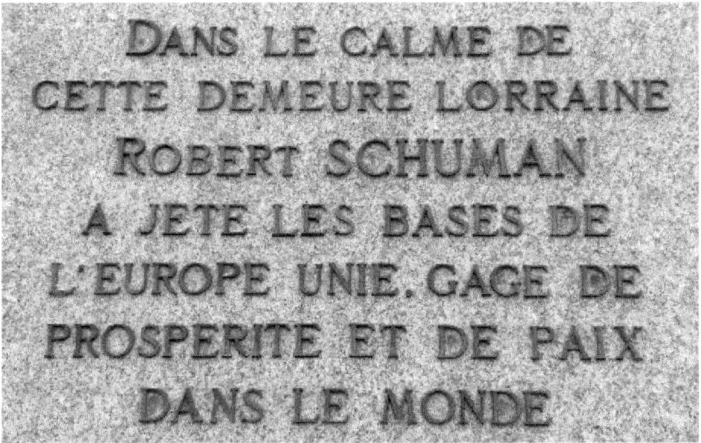

Sur la Place de l'Europe de Scy-Chazelles, devant l'entrée de la maison de Robert Schuman, devenue aujourd'hui un musée où tout est resté figé le jour de sa mort, on trouve dans le pavement le drapeau européen et ses douze étoiles.

"Saint" Robert Schuman - Une auréole pour l'Europe

Sa Simca Aronde P60 noire des années 50, immatriculée à Paris (558 KA 75) est encore dans son garage.

C'est le 26 mai 1926 que Robert Schuman acheta pour 62000 francs, cette maison du n°10, rue de la Chapelle à Scy-Chazelles, où il devait mourir 37 ans plus tard.

C'est également 37 ans après sa mort que je devais découvrir les miraculeuses coïncidences et alignements suceptibles de le faire éventuellement accéder à la sainteté.

Mais persuader l'Eglise et la Commission Européenne ne sera pas chose facile !

Le Parisis Code : ce code étrange venu d'une autre réalité.

Sa destination : Paris. Son but : impressionner les incrédules!

Thierry Van de Leur l'a découvert. Pour lui, tout a commencé par une nuit sombre, sur une carte de Paris, alors qu'il cherchait tout autre chose, que jamais il ne trouva. Cela a commencé à Strasbourg, en Alsace, par une ligne venue de l'Au-Delà...

Maintenant, Thierry Van de Leur sait que les alignements sont là, qu'ils ont pris une forme inattendue et qu'il lui faut convaincre un monde incrédule, que le décryptage a déjà commencé...

Pour un futur "saint", l'adresse de Robert Schuman à Scy-Chazelles était vraiment prédestinée : n°10, rue de la Chapelle (aujourd'hui n°10, rue Robert Schuman).
La chapelle en question se trouve au sommet du Mont Saint-Quentin, l'église Saint-Quentin où il repose à jamais se trouve aussi sur ce mont, tout comme la maison où il mourrut...
Autre étrangeté : la Saint-Quentin est fêtée le 31 octobre, la veille de la... **Toussaint** (1er novembre) !
Lors de cette fête, l'Église catholique latine honore tous les saints, connus et inconnus. Quoi de mieux pour un futur saint ?

Ce qui est frappant, lorsqu'on se rend à la Maison de Robert Schuman, c'est cette concentration de lieux religieux.

La porte d'entrée de la maison de Robert Schuman

Lorsqu'il sortait de sa demeure (située à l'origine rue de la Chapelle), il avait sur sa gauche l'église Saint-Quentin dont il ignorait qu'elle serait sa dernière demeure.
Devant lui s'élevait la Chapelle du monastère des Servantes du Sacré-Cœur, avec son étonnant chapelet de pierre surmontant le portail. On sait que Robert Schuman ne quittait jamais son chapelet...Il y avait aussi sur sa droite la maison de la congrégation du Sacré Cœur de Jésus. A proximité, l'orphelinat du Manoir Bethléem, le scolasticat des Pères assomptionnistes, et l'ermitage Saint-Jean. Bref, il ne risquait pas d'oublier sa religion ! Robert Schuman était un homme simple, qui souvent, arrivait en tramway à Moulins-lès-Metz, puis remontait à Scy-Chazelles à pied, avec ses valises.

 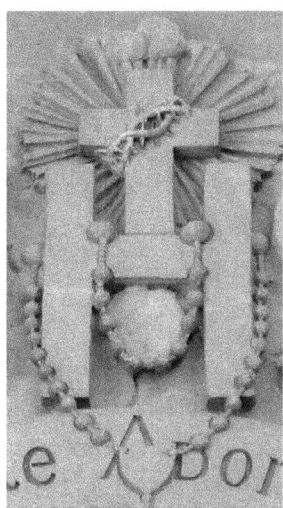

Chapelle du Monastère des Servantes du Sacré-Cœur et le chapelet.

A Paris, la ligne reliant le Square Robert Schuman à la Maison de l'Europe (n°29, Avenue de Villiers) passe sur la rue de Chazelles (Scy-Chazelles), la localité où naquit l'Europe.

La ligne reliant a pointe du bec de l'Aigle des Buttes-Chaumont (point important) à la rue de Chazelles, passe sur la Place de l'Europe et la rue de Saint-Quentin (nom de l'église où il repose). Sa maison se trouvait sur le Mont Saint-Quentin…

L'œil de l'Aigle des Buttes-Chaumont qui regarde la Société Schuman Conseil (n°2, rue Alfred de Vigny), passe sur la Place de l'Europe et la rue de Saint-Quentin.

15 - PHENOMENES SOLAIRES ARTIFICIELS ?

Plusieurs phénomènes solaires artificiels commémoratifs liés à l'Europe ont-ils été prévus dans l'église Saint-Quentin de Scy-Chazelles, lors du choix de l'emplacement exact de la tombe de Robert Schuman, en 1966 ? Plusieurs possibilités existent et sont à vérifier.
En attendant, à Paris, un alignement semble nous le confirmer.
Le restaurant "**Rayon de Soleil**" (n°21, Quai Saint-Michel), l'Avenue **Robert Schuman** et le Square **Robert Schuman** sont alignés.
La ligne de 9,1 km reliant la rue du **Soleil** à l'Institut de bronzage "**Rayon de Soleil**" (n°64, rue des Vignes), passe sur l'Avenue **Robert Schuman**.
La rue du **Soleil**, la Sarl **Halloween** (n°143, rue Lafayette), la rue de **Saint-Quentin**, (ce saint est fêté le 31 octobre, jour d'Halloween…) la Place de l'**Europe** et la rue de **Chazelles** sont bel et bien alignés !
On sait que les rayons solaires touchent au même endroit deux fois par an, jours symétriques par rapport au solstice d'été, le 21 juin, ou au solstice d'hiver, le 21 décembre.
Les bâtisseurs de cette église, au XIIème siècle, ont-ils prévu d'honorer Saint-Quentin, le jour de sa fête, le 31 octobre (jour d'Halloween), par un rayon solaire "providentiel" ?
Si c'est le cas, le même phénomène se reproduit le 10 février.
Par exemple le même point sera illuminé le **7 avril**, jour symétrique au 4 septembre, date du décès de Robert Schuman.
Le rayon apparait vers le 2 avril ; il est le plus beau (centré) le 7 avril, et disparait quelques jours plus tard…
Magnifique symbole pour un prétendant à la sainteté :
La date de la mort de Jésus n'est pas connue avec certitude, mais les historiens la situent aujourd'hui, le plus souvent, le **7 avril** de l'an 30…
Coïncidence : le jeudi **7 avril** 2016, a été posée la première pierre du centre des congrès de Metz Métropole. Cet équipement qui a ouvert en septembre 2018 porte désormais le nom de Robert Schuman.
Une photographie, montre qu'une fenêtre latérale de l'abside de l'église Saint-Quentin produit un rayon solaire bien délimité qui illumine obligatoire le disque métallique de sa sépulture.
Ce peut être le 9 mai (signature de l'acte de naissance de l'Europe) mais aussi le 16 mai (Fête de l'Europe), ou encore le jour anniversaire de la naissance de Robert Schuman, le 29 juin.

Plus religieux, le rayon peut aussi concerner le 27 novembre, jour anniversaire de l'apparition de la rue du Bac à Paris (Médaille Miraculeuse), à l'origine du drapeau de l'Europe...

Inauguré le 9 mai 2005, jour de l'Europe, le mobilier liturgique a été entièrement refait, et réalisé dans un style moderne et épuré, par le peintre et sculpteur Arcabas (1926-2018), le lorrain Jean-Marie Pirot. Il était spécialisé dans l'art sacré contemporain.

C'est la pose de cet autel spécialement calibré et disposé qui a créé le **"Triplet Lumineux"**, le système solaire artificiel rendant hommage à Robert Schuman à la date anniversaire de sa disparition le 4 septembre.

Le système a donc fonctionné pour la première fois le 4 septembre 2005.

Sur la face avant du pupitre en pierre, inauguré en mai 2005, on peut déchiffrer : Je suis l'Alpha et l'Oméga . Le Premier et le Dernier. Le commencement et la Fin (Apocalypse 22/13).

Etrangement, c'est en 2005 que j'ai découvert le Parisis Code, le Code des rues de Paris, dont la Clef principale est l'Ankh, la Croix égyptienne, croix d'**Isis** et croix de la Vie Eternelle.

Dans le "*Livre des Portes*", texte sacré de l'ancienne Egypte, datant du Nouvel Empire (vers 1320 av. J.-C), relatant le passage de l'esprit du défunt dans le monde de l'au-delà, la déesse **Isis** prend l'aspect d'un terrible serpent **uræus** chargé de défendre le dernier portail de l'au-delà…

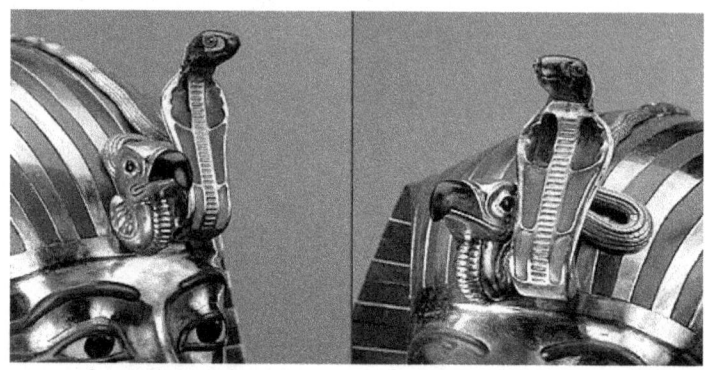

Etrangement, dans la chambre mortuaire de Robert Schuman, à sa gauche, sur une armoire, se trouvait deux bougeoirs représentant le serpent **uræus** entourant une statue de la Vierge.

En Iowa, aux Etats-Unis, une statue d'**Isis** sur son trône, fut offerte en 1939 par la Belgique, au 31ème Président des U.S.A, Herbert Hoover (1874-1964). Elle se trouve devant sa maison natale de West Branch.

Le socle du trône de cette statue porte l'inscription en langue française : "*Je suis ce qui a été, ce qui est et qui sera et nul mortel n'a encore levé le voile qui me couvre*".

Une phrase un peu similaire au message sur le pupitre face à la tombe de Robert Schuman.

Vu du ciel, le drapeau européen aux 12 étoiles faisant partie du pavement de la Place de l'Europe, est parfaitement visible.

La tache lumineuse révélatrice du phénomène solaire.

C'est en voyant cette photo, que j'ai décidé de me rendre à Scy-Chazelles pour étudier de plus près les rayons solaires pénétrant dans l'église Saint-Quentin. Trois options étaient possibles.

"Saint" Robert Schuman - Une auréole pour l'Europe

Option 1

Option 2

Option 1 : un rayon latéral illumine le disque au solstice d'été.
Option 2 : le disque "repose" sur l'ombre de l'autel
Option 3 : la tombe est illuminée sur toute sa longueur par les fenêtres centrales de l'abside (triplet).

La pierre tombale de Robert Schuman mesure 1,90 m sur 90 cm.
Elle se trouve à environ 3,6 mètres du triplet, et est orientée vers l'Est..

LE TRIPLET LUMINEUX

Le **triplet inégal** gothique de l'église Saint-Quentin (probablement symbole de la Sainte Trinité) est constitué de trois baies strictement similaires placées dans le chevet de l'édifice.
La fenêtre du milieu est un peu plus haute que les deux autres.
Ce genre de triplet est apparu au cours du XIIe siècle. Il était très prisé par les constructeurs d'églises cisterciennes qui le ou la façade. C'est lui

qui a la lourde tâche de sublimer le rayon lumineux commémoratif de la mort de Robert Schuman.

10h20 mn

10h20 mn

Vers 10h20mn, le triplet projette les rayons solaires multicolores sur le sol et le phénomène commence sa longue progression de 18 mn en direction de la tombe de Robert Schuman…

"Saint" Robert Schuman - Une auréole pour l'Europe

10h25 mn

10h25 mn

le disque metallique du tombeau (à droite à 10h26, le 11 avril)

"Saint" Robert Schuman - Une auréole pour l'Europe

Il est 10h25 mn, 13 mn avant le centrage du rayon... Lentement l'ombre de l'autel descend.... Son rôle : souligner le prénom du futur Saint... Robert.

10h25 mn

A 10h 38mn, le phénomène solaire est parfaitement centré sur la tombe ; il est multicolore. L'ombre du sommet de l'autel et l'ombre des montants de la fenêtre centrale soulignent et encadrent le prénom "Robert". La fenêtre centrale du triplet illumine en particulier la pierre tombale et le disque métallique.

Le tout, au pied du Drapeau Européen à 12 Etoiles...

"Saint" Robert Schuman - Une auréole pour l'Europe

10h38 mn

En fait, le phénomène solaire "Triplet lumineux" permettant de souligner le nom Robert Schuman, a été spécialement étudié pour fonctionner **à l'heure exacte de la mort** de Robert Schuman, vers 9h30mn du matin.

Depuis l'année de sa mort (1963) a été instaurée l'heure d'été, rajoutant une heure de plus.

"Saint" Robert Schuman - Une auréole pour l'Europe

10h38 mn

10h38 mn

10h38 mn

"Saint" Robert Schuman - Une auréole pour l'Europe

Eglise Saint-Quentin, 10h38 mn ; un beau spectacle nous attend!

A 13h, de façon tout-à fait inattendue, surgissant d'une autre fenêtre, un autre rayon solaire vient faire son petit spectacle, et rendre lui aussi un hommage au Père de l'Europe.

Lui, multicolore et en forme de losange, ne se contentera que d'illuminer de belle manière ses nom et prénom.

Difficile à croire que cette mise en limière n'a pas été soigneusement étudiée, avant de déterminer l'emplacement exact de la pierre tombale dans l'église en 1966.

Si ce n'est pas un phénomène miraculeux, alors pourquoi ne pas avoir révélé les jours et heures de ce magnifique spectacle ?

A qui est-il réservé ? Est-on au moins au courant en haut lieu ?

Pourquoi l'ai-je découvert que 53 années plus tard ?

Pourquoi plus de 100 spectacles (si l'on compte les jours où le soleil ne s'est pas montré), se sont déroulés sans spectateurs ? Quel gâchi !

D'un autre côté, il est certain qu'une si petite église ne suporterait pas la curiosité de milliers de curieux, les jours d'apparition du rayon.

Enfin existe encore d'autres rayons secrets dans cette modeste église, commémorant la naissance du Père de l'Europe ou encore la naissance de l'Europe, le 9 juin, par exemple?

Si, à Scy-Chazelles, il existe des personnes suffisament curieuses et intéressées par les petits secrets que leur réserve leur commune.

Je les encourage à se rendre dans l'église Saint-Quentin, munis de leur appareil photo pour suivre l'évolution du soleil, les jours concernant Robert Schuman (date de naissance, de décès, jour de l'Europe, jour de la Saint-Quentin etc…), ou les jours symétriques à ces dates importantes, par rapport au solstices d'été ou d'hiver.

13h

A Paris, Le Grand-Œil (Observatoire de Paris), qui regarde la Sarl **Rayons de Soleil** (n°43, rue Brochant), passe sur la **Place de l'Europe** ! Un rayon triomphal pour Robert Schuman, à Scy-Chazelles ?

La ligne reliant la Sarl **Rayons de Soleil** à l'Avenue **Robert Schuman** (Boulogne-Billancourt), passe sur la rue de **Chazelles** et l'Arc de **Triomphe** (Place de l'Etoile - Charles de Gaulle).

Mais le soleil n'en a pas fini avec Robert Schuman ! Ses derniers rayons lui réservent une dernière surprise.

"Saint" Robert Schuman - Une auréole pour l'Europe

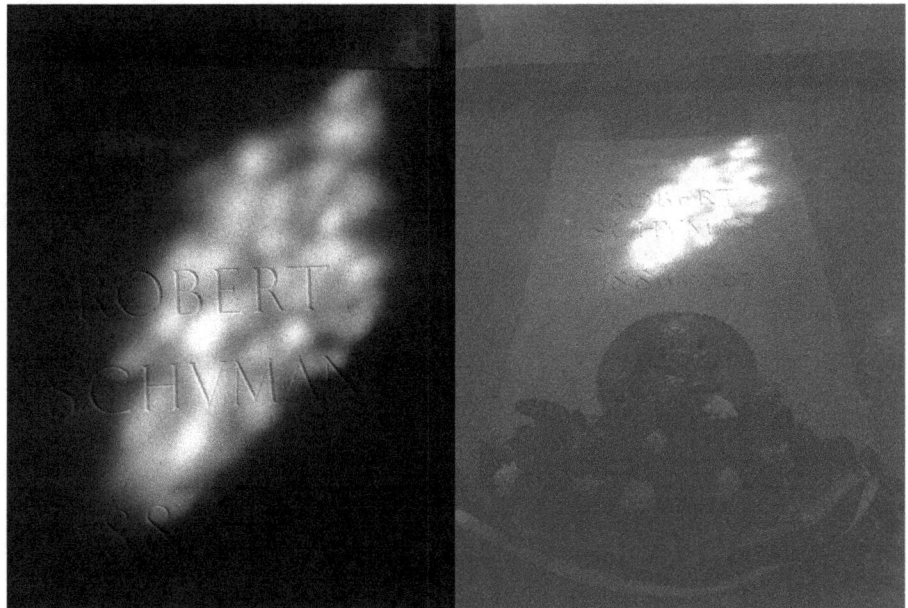

13h

En effet, vers 17h45mn, une petite fenêtre latérale génère un dernier rayon dont la pointe est précisément dirigée vers le disque métallique.
Coïncidence ou non, la forme de ce rayon ressemble à la colonne "Flamme de l'Europe", qui se trouve depuis 1977 dans le parc de la Maison de Robert Schuman !
Miraculeusement, sur une gerbe déposée au nom de la France et de l'Allemagne, par Patrick Weiten, président du conseil général de Moselle, le mot "europaäer" (européen) fut en particulier illuminé sur le drapeau de leur pays. Robert Schuman est né allemand…Sur la gerbe est inscrit dans les deux langues ;: " A la mémoire d'un grand européen"

17h45mn

"Saint" Robert Schuman - Une auréole pour l'Europe

17h45mn Porte latérale Sud de l'église

17h45mn

La gerbe déposée par des allemands coupe le rayon solaire au niveau du mot "europaäer" (européen).
En temps normal, ce dernier rayon est censé illuminer le médaillon en bronze.
(Malheureusement, je n'ai pas pensé à retirer la gerbe allemande pour prendre la photo...).

La porte principale de l'église surmontée des drapeaux des pays membres.
Beaucoup de visiteurs doivent se contenter de regarder la tombe de Robert Schuman à travers la serrure...
On remarquera que même le tapis rouge de 9 mètres de long qui mène à la sépulture, est illuminé par une des fenêtres Sud.
Une tache lumineuse se forme en plein milieu.

Un petit air de famille...

Dans le parc de la maison de Robert Schuman, à Scy-Chazelles, trône une élégante colonne hélicoïdale de Jean-Yves Lechevallier, arborant les **12** étoiles de l'Europe alignées : Chaque étoile est violemment lumineuse, même en plein jour, grâce à des LEDS.
En 1976, l'association Robert Schuman pour l'Europe, souhaitait marquer la propriété de l'homme d'État d'un signal architectural "qui brillera en permanence et pour toujours sur les hauteurs du Mont Saint-Quentin". Une souscription publique a été lancée, et le monument en acier-inox baptisé "La Flamme de l'Europe", fut dévoilé le 15 octobre 1977, 20e anniversaire des Traités de Rome. Pourrait-elle être un gnomon indiquant un jour particulier en rapport avec l'Europe et Robert Schuman ? (à vérifier).

La "Flamme de l'Europe"

Six années plus tard, en juin 2013, à l'entrée de Kehl (Allemagne), en face de la gare, venant de Strasbourg, fut érigée une colonne hélicoïdale en granit étrangement semblable, de **12** mètres de haut. Son nom : "Sculpture Transversale" de l'artiste fribourgeois Jochen Kitzbihler. Elle est composée de 24 blocs de granit de 3.3 tonnes.

"Saint" Robert Schuman - Une auréole pour l'Europe

A Bordeaux, sur la Place de la Victoire, juste devant la Porte d'Aquitaine, s'élève depuis 2005, une colonne hélicoïdale similaire de 16 m de haut (50 tonnes), en marbre rouge et bronze, œuvre d'Yvan Theimer, qui a également exécuté l'obélisque mystique du Palais de l'Elysée. Officiellement, cette colonne de Bordeaux se veut une sorte de tire-bouchon, hommage à la vigne et au vin... Quel message se cache derrière ces colonnes, genre d'obélisques des temps modernes ?

Kehl(Allemagne)   -   Scy-Chazelles   -   Bordeaux

Etrangement, à Strasbourg, la rue de Saint-Quentin (évoquant le lieu de sépulture du Père de l'Europe), débouche précisément devant l'immeuble du n°24, rue de l'Yser où fut inventé le drapeau européen, par le peintre Arsène Heitz !

"Saint" Robert Schuman - Une auréole pour l'Europe

La rue de Saint-Quentin (à Strasbourg) fut créée en 1913, ce qui exclut toute manipulation humaine visant à créer cet alignement quasi miraculeux.

A Paris, la ligne reliant la rue de Saint-Quentin (évoquant le lieu de sépulture du Père de l'Europe), à l'Avenue Robert Schuman (Boulogne-Billancourt), passe sur l'Avenue Robert Schuman.
La ligne reliant l'Avenue Robert Schuman (Boulogne-Billancourt), à la rue de Chazelles, passe sur l'Arc de Triomphe.
La ligne reliant l'Avenue Robert Schuman (Boulogne-Billancourt), à la Place de l'Europe, passe sur l'Esplanade des Droits de l'Homme et du Citoyen (Trocadéro), la Clef de la Mise au Monde du Code.

16 - ETOILES ENCORE...

Incroyable ! A Paris, il existe une société **"Etoile de l'Europe"** située au n°65, Boulevard de Strasbourg.
Si nous relions cette Sarl au Boulevard de l'**Yser**, nous obtenons une ligne de 5,2 km qui passe sur la **Place de l'Europe** !
La ligne reliant le Boulevard de l'**Yser** à la Salle de Concert "**Les Etoiles**" (n°61, rue du Château d'Eau), passe sur la **Place de l'Europe.**

La ligne reliant le Square **Robert Schuman** à la société "**Etoile de l'Europe**" passe sur la Société **L'Europe** (n°16, rue du Colisée).
On a souvent comparé le Parlement Européen de Strasbourg au Colisée de Rome...

Saint-Robert, fondateur de l'Abbaye de la Chaise-Dieu est fêté le **17 avril**.

"Saint" Robert Schuman - Une auréole pour l'Europe

Robert est un des 900 saints que l'ordre des bénédictins a donné à l'Eglise.

Etrange coïncidence, ce Saint était bénédictain, autrement dit respectant l'Ordre de Saint-Benoît, le Saint patron de l'Europe.

Le 17 avril 1950, Jean Monnet et ses proches collaborateurs rédigent la première et deuxième version de ce qui deviendra la **Déclaration Schuman** (9 mai 1950), considérée comme le texte fondateur de la construction européenne.

Mais les artisans de l'Europe ne furent pas tous des saints. Il y eut aussi un potentiel "assa-saint" !

Ainsi le SS **Walter Hallstein** (1901-1982), qui fut le premier président de la Commission européenne de 1957 à 1967, avait été un "croyant" dans le IIIème Reich, officier de la Wehrmacht, activiste nazi et chargé d'enseigner le national-socialisme aux soldats pour s'assurer de leur volonté de combattre jusqu'à la mort.

Après 1950, il fut diplomate et homme politique chrétien-démocrate.

17 - LES LIGNES DE "SAINT" ROBERT DANS PARIS, REVELEES PAR LE PARISIS CODE

Dans les années 50, Robert Schuman vivait à Paris au n°6, rue de Verneuil (7ème arr.), devant le n° 5 bis où Serge Gainsbourg habita et mourut.

Si nous traçons une ligne de 4,5 kilomètres reliant cette adresse au Square Robert Schuman (au centre duquel se trouve sa statue en bronze), celle-ci passe exactement sur l'Avenue Robert Schuman !
Sur la carte de Paris, on peut constater plus de 22 alignements fabuleux et "miraculeux" concernant Robert Schuman.
C'est à se demander si une Intelligence Supérieure n'utilise pas ce mode d'expression pour s'adresser aux Hommes.
Comment s'y prend-t-elle ? Probablement imprimant sa volonté dans l'esprit de ceux qui sont chargés de baptiser ou rebaptiser les rues.
Des lignes en rapport avec Dieu, l'Europe, le Vatican, l'Eglise, Notre-Dame Saint-Benoît, sa qualité de Bienheureux ou de futur Saint et de Père de l'Europe).
Certaines ciblent la date de sa mort (4 septembre), le lieu où il vivait et où il repose (Metz, la Moselle, Saint-Quentin), d'autres lui offre un Panthéon virtuel ou saluent sa participation à l'"Evolution…
La ligne reliant la rue **Lheureux** à l'Ambassade du **Vatican** (Nonciature Apostolique, n°10, Avenue du Président Wilson) passe sur Avenue **Robert Schuman**. Il n'y a pas de mystère !
- Square Robert Schuman - Arc de Triomphe - Place de l'Europe.
- Œil de l'Aigle des Buttes-Chaumont - rue du 4 septembre - Avenue Robert Schuman.

"Saint" Robert Schuman - Une auréole pour l'Europe

- Square Robert Schuman - Avenue Robert Schuman - rue des Saints-Pères - Notre-Dame de Paris.
- Centre grande Croix du Christ - Nonciature (Ambassade du Vatican) - Avenue Robert Schuman - rue des Saints-Pères - Palais du Luxembourg.
- Œil de de l'Aigle des Buttes-Chaumont - rue de Saint-Quentin - Square Robert Schuman.
- Impasse Robert - Place de l'Europe - Avenue Robert Schuman
- Square Robert Schuman - Rond-Point des Champs Elysées (clef de la célébrité) - rue du 4 septembre.

Dans le Parisis Code, la rue Dieu est attribuée à Dieu le Père.

- Rue Dieu - rue de Metz - rue du 4 septembre - Square Robert Schuman.
- Clef de la Communication (Maison de Radio-France) - Avenue Robert Schuman - Avenue de Strasbourg (extrémité nord).
- Clef de la Communication (Maison de Radio-France) - Avenue Robert Schuman - rue du 4 septembre - rue de la Moselle.

- Passage des Soupirs - rue du 4 septembre - Square Robert Schuman.
- Eglise Saint-Benoît (Issy-les-Moulinaux) - Avenue Robert Schuman - Grand Palais - Place de l'Europe.
- Rue Dieulafoy - Avenue Robert Schuman - Arc de Triomphe.
- Rue Robert Schuman (Charenton) - Grande Galerie de l'Evolution - Panthéon - Avenue Robert Schuman - Nonciature (Ambassade du Vatican).
- Rue Saint-Benoît - Avenue Robert Schuman - Square Robert Schuman.
- Square Robert Schuman - Bar "Au Bienheureux" (n°2, Impasse Berthaud) - Passage Dieu.

- Société "Les Bienheureux" (n°10, Avenue de la Grande Armée) - Avenue Robert Schuman - Observatoire de Paris (Grand Œil).
- Cour de la Grâce de Dieu - rue Dieu - Avenue Robert Schuman.
- Pointe du bec de l'Aigle des Buttes-Chaumont - rue de Saint-Quentin - Place de l'Europe - rue de Chazelles.

A Paris il existait jusqu'en 2004 une Sarl Le **Saint-Robert** dont le siège se trouvait au n°182, rue Saint-Martin.

Sachant que Robert Schuman repose dans l'église **Saint-Quentin**, près de **Metz** (où furent célébrées ses funérailles), n'est-il pas incroyable, pour un futur Saint, que la ligne reliant la rue de Saint-Quentin à Notre-Dame de Paris, passe sur la rue de Metz et la Sarl Le Saint-Robert ?

La ligne reliant la Clef de la **Communication** (Maison de Radio-France) à la rue de **Saint-Quentin**, passe sur l'Avenue **Robert Schuman**, la rue de la Paix et la rue de… **Paradis** !

Cette ligne est "tenue" par la branche est de la Croix Ankh (Boulevard des Italiens).

La ligne reliant le maroquinier **Duren** Paris (n°37, rue Debelleyme) à la Clef de la **Naissance** (Trocadéro), passe sur la Sarl "Le **Saint-Robert**" (n°182, rue Saint-Martin). Pourquoi ?

La mère de Robert Schuman s'appelait Eugénie **Duren** !

La ligne reliant la Sci "Luxembourg" (n°95, Boulevard Raspail) au Square Robert Schuman passe sur l'Esplanade des Droits de l'Homme (Clef de la Mise au Monde), car Robert Schuman est né au Luxembourg.

A Strasbourg, la Mission Permanente du **Saint-Siège** auprès du Conseil de l'Europe (Ambassade du Vatican) est située au n°2, rue le Nôtre…

Mission Permanente du Saint-Siège à Strasbourg

Etrangement, à Paris, si nous créons une ligne Place de l'Europe - rue le Nôtre, celle-ci passe sur l'Ambassade du Vatican (Nonciature) située au n°10, Avenue du Président Wilson.

Le 30 novembre 2016 a été dévoilée la plaque commémorative **n°234** dans l'hémicycle de l'Assemblée Nationale en hommage à Robert Schuman.

Aussi incroyable que cela paraisse, un alignement parlant existe à ce sujet dans Paris !

La ligne reliant le Square **Robert Schuman** à l'Atelier **234** (n°234, rue du Faubourg Saint-Antoine) passe sur l'**Assemblée Nationale.**

La ligne reliant l'Avenue **Robert Schuman** à l'Atelier **234** passe sur la Place du Palais Bourbon, devant l'**Assemblée Nationale.**

Robert Schumann était député de la Moselle…

La ligne de 8 km reliant la Clef de la Communication (Maison de Radio-France) à la rue de la Moselle, passe sur… l'Avenue **Robert Schuman**.

La Maison de l'Europe de Paris (n°29, Avenue de Villiers) est une association qui informe sur la citoyenneté européenne.

Elle fait partie de la Fédération française des maisons de l'Europe.

La Présidente de la Maison de l'**Europe** de la "Ville **Lumière**" s'appelle Catherine… **Lalumière** ; cela ne s'invente pas !

Etrange coïncidence, le 16 mai est la "Journée de la **Lumière**" (créée par l'UNESCO), mais c'est aussi la… Fête de l'**Europe.**

"Saint" Robert Schuman - Une auréole pour l'Europe

Le mot "**LUX**" en latin, signifie Lumière. Robert Schuman est né à **Lux**embourg. Il a véritablement posé les premières pierres de l'Europe, lors des Fêtes de Saint-Colomban, à **Lux**euil…

Il existe une Maison de l'Europe à Scy Chazelles (Centre européen Robert Schuman).
Car c'est dans le silence de Scy-Chazelles qu'un dimanche de mai 1950, Robert Schuman a fait le choix politique dont est sortie la construction de l'Europe.
Dès le lendemain, revenu à Paris, il sut convaincre le gouvernement auquel il appartenait.
La France quelques jours après sut convaincre l'Europe.

Signature de Robert Schuman

A Paris, la ligne reliant la Maison de l'Europe au Square Robert Schuman, passe miraculeusement sur la rue de Chazelles.
Rappelons en passant que c'est dans cette rue que fut construite la Statue de la Liberté de New-York, de 1878 à 1884...
Les 300 feuilles de cuivre furent martelées et assemblée ici pour réaliser la statue monumentale "La Liberté éclairant le monde" d'Auguste Bartholdi.

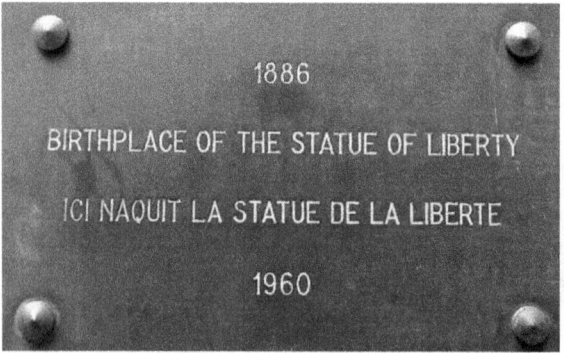

18 - RETOUR A STRASBOURG…

A Strasbourg, il existe une rue Schumann (avec deux "n").
Elle concerne le célèbre compositeur Robert Schumann (1810-1856).
L'axe formé par cette rue et l'Avenue du Président Robert Schuman mène sur le Parlement Européen !
Etrange coïncidence, la rue Schumann débouche sur le **Cercle Européen**, au n°1, rue Massenet, où chaque semaine se réunissent des fonctionnaires européens, diplomates et parlementaires.

L'étoile est l'un des éléments les plus importants de l'Europe.
A Strasbourg la Place de l'Etoile crée en 1937, est la plus grande de la ville.
Curieusement, cette date coïncide avec la sortie du célèbre film de William A. Wellman "Une Etoile est née"…
Il existe aussi l'Impasse de l'Etoile. La ligne reliant cette rue à la rue du Miracle, passe sur l'Avenue du Président R. Schuman.

Un nouvel élément à verser en faveur de la béatification de Robert Schuman ? Le livre **"Pour l'Europe"** est le seul ouvrage publié de Robert Schuman.

Statue de Robert Schuman du Square Robert Schuman à Paris

Jean Monnet (1888-1979), autre "Père de l'Europe" possède une rue dans Strasbourg. Pour accéder au Pont de l'Europe qui amène en Allemagne, on est obligé de croiser cette rue.
L'axe rue Jean Monnet - Avenue du Président Robert Schuman mène sur l'entrée du Conseil de l'Europe et dans la cour elliptique du Parlement Européen.
Cet axe traverse l'Avenue du Pont de l'Europe et l'Avenue de l'Europe.
Tout est soigneusement calculé au centimètre près pour créer un alignement symbolique. Alignements qui semblent être une véritable obsession.

Konrad Adenauer (1876-1967) le restaurateur de l'Allemagne fut de 1949 à 1963, le premier chancelier de la République fédérale d'Allemagne.
Le Parisis Code le considère à juste titre comme l'un des Pères de l'Europe : l'axe Place du chancelier Adenauer - Place de l'Europe coupe l'Arc de Triomphe...
L'axe Grande Galerie de l'Evolution - Place du chancelier Adenauer traverse le Panthéon (Panthéon virtuel) !
L'axe formé par la pointe du bec de l'Aigle - Place du chancelier Adenauer nous entraîne sur la rue de Palestine ; pourquoi ?

Adenauer fut en 1952, l'objet d'un attentat manqué, organisé par l'*Irgoun* (armée nationaliste juive en Palestine mandataire) qui craignait la renaissance allemande...

A Strasbourg, l'axe formé par le Pont Konrad Adenauer et la rue Jean Monet mène au Pont de l'Europe.

L'axe Pont Konrad Adenauer - Avenue de l'Europe mène à l'entrée du Palais du Conseil de l'Europe et sur la Cour Européenne des Droits de l'Homme.

René Cassin (1887-1976), juriste, diplomate et homme politique français est né à Bayonne. Prix Nobel 1968, il est l'un des auteurs de la *Déclaration des Droits de l'Homme et du Citoyen* (10 décembre 1948).

Il fut Président de la Cour Européenne des Droits de l'Homme de 1965 à 1968.

N'est-il pas étrange, voir miraculeux, que ce personnage si important pour l'Europe porte le nom de **Cassin**, le même que le mont italien Mont Cassin (Monte Cassino), altitude de 516 m, sur lequel Saint-Benoît, le Patron de l'Europe fonda son abbaye en l'an 530 ?

Au 6ème siècle, Benoît de Nursie (**Saint-Benoît**) fonda une abbaye prestigieuse sur le Mont Cassin (entre Naples et Rome) où il édicta pour ses moines une règle dite *"bénédictine"* combinant prière, travail et tempérance.

Il fut proclamé "Père de l'Europe" en 1958...

L'abbaye du Mont Cassin fut entièrement anéantie en 1944 par des centaines de bombardiers nazis...

Pendant 14 ans il fut Président de l'E.N.A.

La droite joignant le bec de l'Aigle à l'E.N.A (rue de l'Université), touche la Place René Cassin (1er arr.).

René Cassin est inhumé au Panthéon depuis 1987. La Place René Cassin est dans l'alignement nord du Parvis du Panthéon.

Le Centre Port-Royal René Cassin (qui dépend de la Sorbonne), se trouve au n°17, rue Saint-Hippolyte.

La droite joignant ce centre à la Place René Cassin, traverse le Panthéon.

Le Monument des Droits de l'Homme du Champs de Mars (Avenue Charles Risler), aligné sur la Place René Cassin, croise la statue du Roi-Soleil du Louvre (point de naissance de l'Axe Solaire Historique) ; cet axe rejoint la clef : rue de l'Avenir.

L'axe qui relie la Place de l'Europe à la Place René Cassin passe par le centre de la Place des Victoires et la boucle de l'Ankh.

Enfin, montrant que René Cassin est entré dans l'Histoire : la droite qui passe par la Place René Cassin et l'Arc de Triomphe atteint le Musée de l'Histoire de France.

Le Centre Port-Royal René Cassin se trouve au n°17, rue Saint-Hippolyte (13ᵉarr.).

La droite joignant ce centre à la Place René Cassin, traverse le Panthéon.

La *Déclaration des Droits de l'Homme et du citoyen* (votée à l'origine en août 1789) est inspirée de l'écrivain français Montesquieu (1689-1755) et des philosophes du XVIIIème siècle.

On ne sera donc pas étonné de voir la droite reliant le Parvis des Droits de l'Homme et du citoyen à la Place René Cassin traverser la rue de Montesquieu.

Konrad Adenauer   René Cassin   Jean Monnet

Le Conseil de l'Europe a été fondé le 5 mai 1949 par le Traité de Londres…

A Strasbourg, la rue de Londres, la rue Beethoven (auteur de l'hymne européen) et le Palais de l'Europe sont alignés.

Clin d'œil : à Bonn (Allemagne) la mère du compositeur Beethoven et le compositeur Robert Schumann sont inhumés dans le même cimetière.

19 - UNE PIECE TRES SYMBOLIQUE

La pièce de théâtre "**Le Procès de Robert Schuman**" jouée par l'Association "Fraternité Internationale" retrace la vie du Père de l'Europe, Robert Schuman.
Elle fut jouée le 9 mai 2014, à l'occasion de l'anniversaire de la "Déclaration Schuman", fondatrice de l'Europe, à Paris, mais pas n'importe où ! Au Palais d'Iéna…
L'endroit fut soigneusement choisi pour répondre à une exigence particulièrement symbolique dont l'importance nous échappe encore, mais qui a l'air de tenir à cœur à certains dirigeants occultes de l'Europe. Ont-ils tenu compte du Parisis Code ? Cette hypothèse n'est pas totalement inconcevable.
En effet, il se trouve sur la ligne reliant la Place de l'Europe à l'Esplanade des Droits de l'Homme et des Citoyens, au Trocadéro, la Clef de la Mise au Monde du Code de Paris (Parisis Code).
La ligne reliant le Palais d'Iéna à la rue Saint-Benoît (Saint Patron de l'Europe), passe sur l'Avenue Robert Schuman.

De plus, devant le Palais d'Iéna, trône une grande étoile à 8 branches en granite noir reposant sur un lit de galets blanc.
Il s'agit d'une sculpture de Martial Raysse, appelée "Sol et Colombe" représentant un homme et une femme et deux colonnes (Boaz et Jakin, du Temple de Salomon?).
Enfin, le meilleur pour la fin : en janvier 2016, s'est ouvert à Paris au n°3, rue du Pré aux Clercs (Saint-Germain-des-Prés), un hôtel de luxe **** au nom très particulier : l'Hôtel **Le Saint.**
Il existe aussi au n°6, rue Legraverend (12ème arr), une Sarl "**L'Auréole**".
L'auréole est utilisée en religion pour indiquer la sainteté.
Elle est représentée par un petit disque au-dessus de la tête du saint et des saintes. C'est parfois une lueur jaune, dorée ou argentée.

La ligne reliant la Sarl "L'**Auréole**" au Square Robert **Schuman**, passe sur l'Hôtel **Le Saint**, sur l'Avenue Robert **Schuman**, et sur le Palais d'Iéna (où fut joué "Le Procès de Robert Schuman").
Un hôtel Le Saint, rue du Pré aux Clercs ! Amusant lorsque l'on sait que Robert Schuman fut… avocat et futur saint !

La ligne de 10,5 kilomètres reliant la rue Robert **Schuman** (Charenton-le-Pont) à la Place de l'**Etoile**, passe sur la rue **Saint-Benoît** (Saint-Patron de l'Europe), l'Impasse des deux Anges, la rue des **Saints-Pères**, l'Hôtel **Le Saint**, et la rue **François 1er** (Pape François ?).
Incroyable ! Cet axe rejoint, à Issy-les-Moulineaux, la Place du Président Robert **Schuman** !

L'Œil de l'Aigle des Buttes-Chaumont qui regarde l'Hôtel **Le Saint** (n°3, rue du Pré aux Clercs), crée une ligne qui passe avec une précision impressionnante sur le n°6, rue de Verneuil (7ème arr.) où **Robert Schuman** habitait, en 1960, à Paris.
Cette adresse ne se trouve qu'à 120 mètres de l'Hôtel **Le Saint** !

Du 24 juin 1946 au 24 novembre 1947, Robert Schuman occupe le poste de Ministre Français des Finances.
L'Avenue Robert Schuman a pris son nom actuel le 29 juillet 1970.

20 - BAIN FORCE

A l'occasion du 20ème anniversaire de la mort de Robert Schuman, le 14 septembre 1983, jour de la Croix Glorieuse, en pleine crise de la sidérurgie, le buste (souriant) de Robert Schuman de la Place de l'Hôtel de Ville, à Thionville, fut déboulonné de son socle et jetée dans la Moselle.

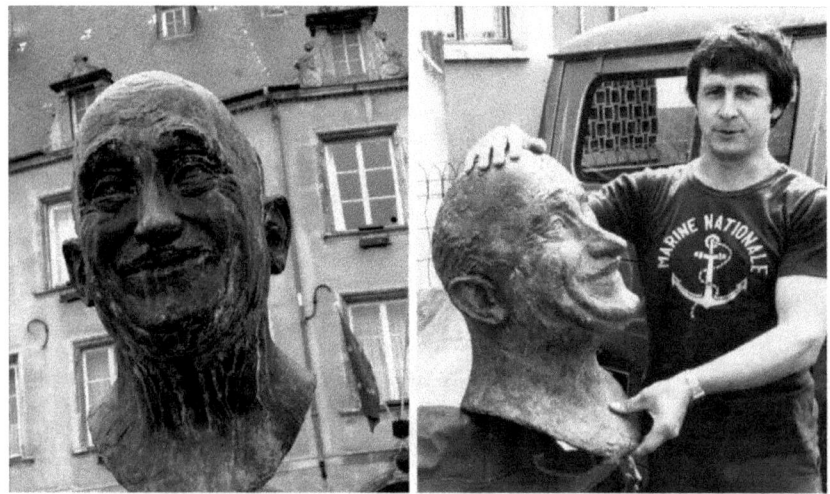

Il fut retrouvé un an plus tard, tout aussi souriant, à Bousse, 9 kilomètres au sud de Thionville, par un plongeur d'Amnéville. *(Source: Le Républicain Lorrain)*
La ligne Clef de la Communication (Radio-France) - rue de Moselle passe par Les Amis de la Croix Glorieuse (n°171, rue de l'Université et l'Avenue Robert Schuman.

21 - LOS CAIDOS
Le plus grand phénomène solaire artificiel du monde

Il existe en Europe un phénomène très spectaculaire lié Saint-Benoît (Saint Patron de l'Europe).

Il se produit chaque année au sein de la Vallée de Los Caïdos située en Espagne, à 58 kilomètres au nord de Madrid, sur le domaine de Saint-Laurent de l'Escurial.

Il s'agit de l'un des sites les plus étonnants d'Espagne.

Son Monument de la Santa Cruz ; une croix monumentale qui s'élève à 300 mètres depuis l'esplanade, fut édifié de 1951 à 1958. Environ 16 ouvriers perdirent la vie au cours des travaux.

Il comprend un monastère bénédictin, une croix et une basilique souterraine et sa crypte pharaonique de 262 mètres de longueur, véritable panthéon où reposent 5000 combattants, mais aussi depuis 1975, le sinistre dictateur espagnol Francisco Franco qui fut chef de l'Etat Espagnol pendant 37 ans.

La grande croix de Saint-Benoît et le monastère bénédictin

La croix seule (près de 182.000 tonnes) mesure 150 mètres avec son socle ; les bras font 46 mètres.

Elle est entourée de 4 statues monumentales de 18 mètres de haut représentant les apôtres Jean, Marc, Luc et Mathieu.

Au pied de la grande croix, a été édifiée une immense Abbaye Bénédictine avec hôtellerie et Manécanterie qui appartient à la Congrégation de Solesmes, dont le siège est à Rome. Elle héberge 55 moines.

Le monastère possède une esplanade de 300 mètres de longueur, et 150 mètres de largeur.

La croix monumentale (Santa Cruz) vue du monastère

On remarquera qu'avec ses dimensions exceptionnelles, la croix monumentale pourrait y être couchée, et nous verrons que ce n'est pas pour rien !

En effet, lorsque j'ai visité ce site pour la seconde fois dans les années 80, j'ai eu le sentiment que les deux allées principales du monastère qui forment une grande croix n'avaient pas été dessinées par hasard.

Pour moi, il était clair que cette configuration était soigneusement calculée pour que l'ombre de la croix monumentale vienne s'y superposer avec précision à un jour déterminé, et à une heure précise.

Sur ce cliché, proche de l'équinoxe, l'ombre de la croix est très allongée...

Depuis plusieurs années, j'ai cherché désespérément la preuve de mes allégations. Los Caïdos est trop loin de Strasbourg pour procéder à des recherches sur place.

Je ne trouvais sur internet aucune photo du site, prouvant que la croix monumentale générait une ombre suffisamment grande et convenablement orientée sur le monastère.

Les années passèrent, jusqu'à ce jour du 10 janvier 2013 où je suis enfin tombé sur une photo aérienne du site, prise en juillet.

"Saint" Robert Schuman - Une auréole pour l'Europe

Une photo très difficile à trouver, car étrangement, toutes les photos figurant sur internet n'ont aucune ombre !

Le cliché qui date apparemment du 5 juillet a manifestement été pris aux alentours de l'apparition du phénomène solaire. L'ombre de la croix est déportée sur la droite (cliché de Ricardo Melgar).

A lui seul, il confirme ma théorie. Il prouve que l'ombre de la croix monumentale s'encastre parfaitement dans les allées pour former un phénomène solaire symbolique… le graal des systèmes de rayons solaires artificiels.

Le plus grand phénomène solaire artificiel enregistré à ce jour : une ombre de 300 mètres de longueur sur 42 mètres de largeur, correspondant à la hauteur de la Tour Eiffel !

Maintenant, il reste à déterminé le jour exact et symbolique de l'apparition de ce phénomène. On sait maintenant que c'est le mois de juillet.

Le monastère est bénédictin et applique donc les préceptes de Saint-Benoît, le Saint Patron de l'Europe, qui est fêté le 11 juillet.

Enfin, on sait aussi que ce site fut aménagé spécialement en hommage aux morts (caïdos) de la Guerre Civile espagnole et officiellement pour réconcilier Républicains et Franquistes.

Que par Ordre ministériel daté du 11 juillet 1946, ladite basilique entendait offrir une demeure éternelle à des Espagnols morts, ayant été baptisés et dont les proches en avaient fait la demande.

Bref, il était fort probable (à 99%) que le 11 juillet (Saint-Benoît) soit la date symbolique retenue par les constructeurs du site pour calculer la projection de l'ombre de la croix monumentale et son alignement au sein de l'esplanade du monastère.

"Saint" Robert Schuman - Une auréole pour l'Europe

Reconstitution du phénomène solaire de Los Caïdos

Le monument reçoit près de 450 000 visiteurs par an. Depuis 1958, aucun des 20 millions de visiteurs ni les résidents permanents du monastère n'ont apparemment remarqués ce phénomène ? Pourquoi celui-ci n'a-t-il jamais été divulgué ? Qu'a-t-il de si dérangeant ? Il est vrai qu'à cette époque, il fait en moyenne 31°.

22 - LA VALIDATION DU PHENOMENE

En juillet 2017, étant à la retraite, et à l'occasion d'un voyage en Espagne, j'ai décidé d'aller en famille dans la vallée de Los Caïdos pour admirer le phénomène du 11 juillet.
Un voyage de plus de 1700 kilomètres depuis Strasbourg pour voir une ombre au sol ; certains estimeront que ce n'est pas raisonnable...
J'ai choisi au hasard sur internet un hôtel bon marché à San Lorenzo de El Escorial, la ville la plus proche.
J'ai donc retenu une chambre pour la nuit du 10 au 11 juillet à l'Hospederia de la Santa Cruz del Valle de los Caidos (San Lorenzo de El Escorial, Carretera de Guadarrama).
Le hasard fait bien les choses : sans le savoir je venais de réserver une chambre dans l'Abbaye bénédictine qui se trouve juste au pied de la grande croix monumentale !
J'ignorais totalement qu'il était possible d'y loger, et en plus pour un prix aussi modique (44 euros la chambre !).
Le 10 juillet au soir nous arrivons donc en ce lieu magique, ineffable, dans un cadre magnifique et grandiose digne d'un palace 5 étoiles...
Un endroit enchanteur, hors du temps, extraordinaire à tout point de vue.
Un étrange mélange de mégalomanie et d'austérité qui donne l'impression d'être des privilégiés. Deux grandes chambres (n°156 et 158) nous étaient réservées.
Elles étaient aménagées dans d'anciennes chambres de moines, mais avec tout le confort moderne.
Pour y accéder il fallait traverser de longs couloirs, vestibules, halles et escaliers, dignes des plus beaux Paradors d'Espagne, mais incomparables et uniques. Nous étions en admiration...
Malheureusement, même si la grande croix était visible depuis les chambres, celles-ci ne donnaient pas directement sur l'esplanade...
Nous avons dîné au restaurant de l'Abbaye à 21h30 précise.
Ici, on ne plaisante pas avec les horaires : les retardataires ne sont en principe pas acceptés.
Pour un prix modeste, on doit se contenter de ce que le chef propose : une soupe, 2 tranches de jambon, 2 tranches de fromages, un litre de vin rouge et un flan pour 10 euros tout compris.
Le calme dans le restaurant est pesant. Peu de clients, deux curés et des personnes âgées seules.

Je n'ai jamais ressenti un tel silence. On entend presque le sang couler dans ses veines !

Le lendemain matin, vers 8h, nous sommes réveillés par un soleil radieux émergeant de derrière la grande croix.

Le ciel est d'un bleu profond, l'air semble d'une pureté exceptionnelle.

Le petit déjeuner est à 9h précise ; on n'a pas intérêt à le louper ! Juste le temps de faire deux photos à l'extérieur et nous allons dans la salle du petit déjeuner.

Quarante minutes plus tard, nous sortons sur le parvis de l'abbaye et que constatons-nous ?

Le phénomène solaire qui devait d'après moi se dérouler vers midi, venait de se produire à quelques minutes près pendant que nous déjeunions !

L'ombre de la grande croix avait dépassé le milieu de l'esplanade. Quelle déception !

D'un autre côté, l'existence du phénomène était confirmée, et de toute façon, j'ai pu constater qu'au niveau du sol, l'ombre est tellement grande que le phénomène n'est pas spectaculaire ; c'est pour cela qu'il est passé inaperçu, même de ceux qui vivent dans l'abbaye.

Le phénomène n'est pas évident à observer au niveau du sol ; il produit une ombre immense difficile à photographier.

De plus, il n'est correctement aligné que pendant quelques brèves minutes.

L'idéal pour l'apprécier, serait de se trouver au pied même de la grande croix, sur le piédestal qui domine l'abbaye, or c'est impossible. Son accès n'est autorisé qu'à partir de 10h30.

Point de vue idéal, au pied de la grande croix, pour observer le phénomène.

La seule solution pour filmer le phénomène serait l'utilisation d'un mini-drone, mais il est fort probable que son vol soit interdit pour cause de sécurité et de respect du lieu.

De retour de vacances, en regardant les photos, je me suis aperçu que sur l'une d'elle, prise à 9h05, juste avant le petit déjeuner, on pouvait effectivement apercevoir l'ombre de la croix presque au bon endroit.

Trente-cinq minutes plus tard l'ombre atteint déjà l'aile du bâtiment.

"Saint" Robert Schuman - Une auréole pour l'Europe

L'ombre du sommet de la croix, vers 9h05

Bref, le 11 juillet 2017, le phénomène fut photographié par mon épouse pour la première fois depuis sa création, en 1958, soit 59 ans après sa première apparition

Photo miraculeuse : la photo aérienne trouvée sur internet qui montrait l'ombre de la grande croix prise un 5 juillet, et qui m'avait permis d'affirmer que le phénomène de Los Caïdos existait est très troublant a plus d'un titre.
Non seulement je l'avais découverte le 20 janvier 2013, date du 60ème anniversaire du décès de mon père (20/1/1953), comme si celui-ci depuis l'au-delà m'avait envoyé un petit cadeau, mais elle cachait presque une prophétie me concernant.
En effet, sur cette photo, prise probablement entre 9h30 et 10 h du matin, on voit que l'ombre de la grande croix est précisément dirigée sur les chambres n°156 et 158 (de l'aile droite) que nous devions occuper 4 ans et demi plus tard, les 10 et 11 juillet 2017; encore une miraculeuse coïncidence !
Pour résumer : le phénomène solaire de la Vallée de Los Caïdos consiste bien en une incrustation très précise de l'ombre de la croix monumentale sur les allées en croix de l'esplanade de l'abbaye bénédictine entre 8h30 et 9h du matin, le jour de la Saint-Benoît (11juillet).
C'est un hommage à Saint-Benoît, aujourd'hui Saint-patron de l'Europe.

"Saint" Robert Schuman - Une auréole pour l'Europe

Le phénomène est parfaitement centré le 11 juillet, mais quelques jours avant et après il est encore visible.

On peut dire que le phénomène débute la veille du 11 juillet vers 21 h peu avant le coucher du soleil par une vision spectaculaire : le soleil couchant illumine exclusivement la croix d'une lumière dorée.

Cette croix d'or sur le ciel bleu immaculé est une vision inoubliable.

Rapidement la croix s'assombrie jusqu'à l'aube, où elle commencera à projeter son ombre au milieu de l'esplanade.

Le phénomène se reproduit également 20 jours avant le solstice d'été (21 juin), soit le 1er juin, jour de la Saint-Justin... mais celui-ci n'est pas symbolique.

23 - SAINT-BENOIT

Ainsi, grâce à Saint-Benoît de Nursie, l'Europe possède désormais son propre phénomène solaire artificiel - le plus grand du monde.

Saint-Benoît de Nursie était un moine italien, (480env.-547) qui vécut d'abord dans une grotte, puis devint fondateur de communautés, d'abord à Subiaco, puis au Monte Cassino, au sud de Rome.

Pour ces monastères, il écrivit une Règle de vie s'inspirant de celles qui existaient, en y imprimant son génie personnel fait de sagesse humaine et divine, en un mot de sainteté.

Ce fut la naissance d'une multitude de fondations, tant étaient grands l'équilibre et la sagesse de cette règle de vie.

Peu à peu, l'Europe fut couverte de ces lieux de paix, et de culture, sous toutes ses formes.

Les racines chrétiennes de l'Europe sont reconnues par l'Eglise, qui fête Saint-Benoît comme l'un des Patrons de l'Europe.

Cette Règle de vie, adoptée par les premiers cisterciens, perdure depuis plus de 15 siècles et s'étend sur toute la terre !

En guise de confirmation, la Clef de la Communication (Maison de Radio-France) alignée sur le Passage Dieu traverse bien la rue Saint-Benoît ! Saint-Benoît est aussi le saint patron des architectes.

L'église Saint-Benoît d'Issy-les-Moulineaux, la rue Saint-Benoît de Paris, la rue Dieu sont alignés et rejoignent la limite sud de l'œil de l'Aigle (le lac du Parc des Buttes-Chaumont) !

A Paris, il existe proche de l'Odéon, au n°126, Boulevard Saint-Germain, une **SCI DU 9 MAI**, qui, dans le Code, permet de dater la

Déclaration Schuman (9 mai 1950), texte fondateur de la construction européenne dont Saint-Benoît est le Saint-Patron.
La ligne reliant le Square Robert Schuman à la Sci du 9 mai, passe sur la rue Saint-Benoît.

De même, la ligne reliant l'Avenue Robert Schuman à la Sci du 9 mai, passe également sur la rue Saint-Benoît.
La ligne reliant la Fondation Robert Schuman (n°29, Boulevard Raspail) à la Place de la Nation, passe sur la Sci du 9 mai.

La Tour Eiffel et l'Arc de Triomphe célèbrent l'Europe.
Le 9 mai **2006**, pour les 20 ans de la Journée de l'Europe la Tour Eiffel fut éclairée en bleu.
A l'occasion de la présidence française de l'Union européenne, du 1er juillet au 31 décembre **2008**, la Tour Eiffel, en accord avec la Mairie de Paris, a rendu hommage à l'Europe en se parant à la nuit tombée d'un habillage lumineux bleu agrémenté des 12 étoiles jaunes du drapeau européen. Le 9 mai **2018**, pour la Journée de l'Europe l'Arc de Triomphe fut décoré aux couleurs de l'Europe.

24 - LE PAPE FRANÇOIS

Le Pape François sera-t-il celui qui fera de Robert Schuman, un saint ?
Le 13 mars 2013, jour de la Saint-Rodrigue, le Cardinal de Buenos Aires (Argentine), Jorge Mario Bergoglio a été élu Pape sous le nom de François 1er, en référence à Saint-François d'Assise.
La similitude de nom avec le roi François 1er posait problème.
Aussi par commodité le chiffre ordinal premier ne sera pas utilisé. Il se fera appeler Pape François de son vivant.

Après sa mort, il sera appelé éventuellement François Ier si l'un de ses successeurs décidait de lui rendre hommage en reprenant son prénom et en s'appelant lui-même François II.
Dans le Code de Paris, par contre c'est le nom de François 1er qui est pris en compte, comme nous allons le constater, grâce à la rue et à la Place François 1er.

La ligne reliant l'Eglise Saint-François d'Assise (n°9, rue de Mouzaïa) à la Société Deux Mille Treize (n°43, rue des Batignolles), passe précisément sur l'Œil de l'Aigle des Buttes-Chaumont, montrant ainsi qu'il existe un rapport entre l'année 2013 et Saint-François d'Assise.
On constate aussi que la ligne reliant la Société Deux Mille Treize à la Clef de la Création (extrémité de la Fontaine de Varsovie) passe sur l'extrémité nord de la rue François 1er.
Il s'agit du premier Pape jésuite, mais aussi du premier pape Sud-américain). Il est enfin le premier Cardinal nommé par Jean-Paul II, à devenir pape.
Dans Paris la Sci Le Premier, se trouve au n°14, rue François 1er…
Il est le 266ème Pape. La ligne reliant la Société "266" (n°5, Passage Turquetil) à la rue d'Argentine passe sur l'Arc de Triomphe !
La ligne Clef de la Communication (Radio-France) - Sarl "266", passe sur l'entrée de la rue des Saints-Pères.
Ce 266ème Pape est un Jésuite ; il fait partie de la Compagnie de Jésus, un ordre religieux catholique fondé en 1539 par Saint-François-Xavier et Saint-Ignace (de Loyola).
On constate que la Société "266" et les églises Saint-Ignace (33, rue de Sèvres) et Saint-François-Xavier (12, Place du Président Mithouard), sont sur une même ligne !

Ce Pape argentin est né à Buenos-Ayres en Argentine, le 17 décembre 1939 (jour de la Sainte-Amélie).
Il est troublant de constater que la Place François 1er est précisément dans l'alignement Nord de la rue Amélie.
Le Pape François a été élu le 13 mars, jour de la Saint-Rodrigue.

A Paris, c'est l'Hôtel Le Rodrigue (65, rue de Clignancourt) qui date cet événement.
En effet, la ligne reliant cet hôtel à la rue de Buenos-Ayres, traverse la Cour de Rome et la Place François 1er !
Cet hôtel créé en 1987 a fermé ses portes en 2014.
C'est à croire qu'il fut créé spécialement pour dater le jour de l'élection du Pape François. Dans ce Code, plus rien ne m'étonne.
La rue de Buenos-Ayres, a été ouverte en 1880 par la Ville de Paris, à l'occasion de l'Exposition, sous le nom de « rue de Buenos-Ayres », en 2001, on changea l'ancienne orthographe de Buenos-Ayres (avec un "y") par Buenos Aires » (avec un "i" et sans tiret. Par contre les plaques de rues subsistent sous cet orthographe.

Pour l'Eglise Catholique, le Pape est le représentant de Dieu sur Terre...
Au Vatican, se trouve le "Trône de Saint-Pierre". Recréons par alignement cette phrase ...
A Paris, la ligne Place Saint-Pierre - Avenue du Trône (ou Place de la Nation) traverse bien la rue Dieu !
La rue Dieu sert aussi de clef pour Dieu le Père...
Alignons donc la rue Dieu sur la rue Saint-Romain...
La ligne ainsi formée traverse comme par enchantement la rue Saint-Benoît !
C'est grâce à la démission de Benoît XVI, le jour de la Saint-Romain, que le Pape François fut élu...
Mon Dieu, que de coïncidences !
Comme on le sait, pour l'église catholique, le Pape est le représentant officiel de Dieu sur Terre.
La Nonciature Apostolique au n°10, Avenue du Président Wilson (16ème arr.), est l'Ambassade du Vatican à Paris, donc dans un certain sens, l'Ambassade de Dieu...
Dans le Code, la ligne reliant cette ambassade à la rue Dieu, passe sur la Place François 1er.
La Place Saint-Pierre, au Vatican est une célèbre cour de Rome...

Tout étant à sa place dans le Code, on remarquera que dans Paris, la ligne reliant l'Ambassade du Vatican à la Place Saint-Pierre (en contrebas du Sacré-Cœur) traverse la Cour de Rome !
A Paris, la Clef de la Création alignée sur la Place Saint-Pierre, crée une ligne qui passe sur la Clef de la Célébrité et sur la Cour de Rome.

De même la ligne reliant la Clef de l'église (Notre-Dame de Paris) au centre de la Grande Croix du Christ, traverse la Place François 1er.
La ligne reliant la Cité d'Argentine à la pointe du bec de l'Aigle des Buttes-Chaumont (qui indique un point important) traverse la Boucle de l'Ankh et la Place François 1er.
La ligne de 9 km reliant le Passage Dieu à la Cité d'Argentine traverse l'Ambassade d'Argentine (rue Cimarosa), le pied de la Croix-Ankh et… la Place François 1er.
La ligne reliant l'Ambassade d'Argentine à la Société "266" (n°5, Passage Turquetil), passe sur la pyramide du Louvre et sur l'entrée sud de la rue François 1er.
La ligne Arc de Triomphe - Hôtel des Saints-Pères (rue des Saints-Pères) traverse la Place François 1er.
La ligne reliant la Cité d'Argentine à l'Impasse Saint-François, passe sur l'Arc de Triomphe.
Même l'Ambassade d'Argentine à Neuilly/Seine nous proclame la victoire de ce Pape ! En effet, en reliant son adresse (n°73, rue Edouard Nortier) à la Place François 1er, on obtient une ligne qui traverse l'Arc de Triomphe et suit tout du long la rue François 1er !

La ligne reliant le Passage de la Providence à la rue d'Argentine traverse l'Arc de Triomphe et la Place des Victoires !

Dans le Code de Paris, si le Pape est présent grâce à la rue et à la Place **François 1er**, il l'est aussi d'une manière plus subtile, à travers la Société **Le Pape** (n°39, rue d'Artois), la **Sarl 266** (n°5, Passage Turquetil), la **Société 266** (n°266, rue du Faubourg Saint-Honoré) et la **Sarl Saint Père 36** (n°36 Boulevard de Strasbourg).
A noter que cette société est prophétique, puisqu'elle a débuté son activité en janvier 2013, soit moins de 2 mois avant l'élection du Pape François (le 13 mars 2013).
De plus, le n°**36** correspond à son année de naissance, le 17 décembre 1936 (à Buenos Aires) !
A cette adresse se trouve aussi, comme un message, le restaurant… Espérance. Et ce n'est pas pour rien !
En effet, le pape François a centré sur « l'espérance », son homélie pour la messe d'ouverture du synode des évêques **le 3 octobre** 2018 (Saint-Gérard), Place Saint-Pierre, en présence d'évêques du monde entier.
Le mot « espérance » est revenu sept fois, ce qui donne le ton à toute l'homélie.
Ainsi, on remarquera que la ligne reliant la rue de l'Espérance à la **Sarl 266** (n°5, Passage Turquetil), représentant le Pape François (le 266ème Pape), passe sur la rue Gérard (saint fêté **le 3 octobre**).

Autres alignements générés par la **Sarl 266** (n°5, Passage Turquetil), en rapport avec Robert Schuman:
Sarl 266 - centre croix ankh - rue du 4 Septembre - rue de Chazelles
Sarl 266 - rue de Saint-Quentin - rue Dieu - entrée du Sacré-Coeur de Montmartre

Sarl 266 - Ambassade du Vatican (n°10, Avenue du Président Wilson) - Square Robert Schuman
Sarl 266 - Notre-Dame de Paris - Fondation Square Robert Schuman
Sarl 266 - Port des Saints-Pères - Avenue Robert Schuman
Sarl 266 - rue des Saints-Pères - Square Jean XIII - Clef de la Communication (Maison de Radio-France)
Robert Schuman deviendra-t-il saint par l'intercession de Notre-Dame de Consolation ?
La ligne reliant la Société 266 (n°266, rue du Faubourg Saint-Honoré) à l'Avenue Robert Schuman, passe sur l'église Notre-Dame de Consolation (rue Jean Goujon).
La rue de Chazelles, la Société Le Pape (n°39, rue d'Artois), l'église Notre-Dame de Consolation (rue Jean Goujon), l'Avenue Robert Schuman sont alignées !
Ces séries d'alignement semblent être des sortes d'appel au Pape François, l'encourageant à s'occuper de la sainteté de Robert Schuman.

Alignements générés par la Sarl **Saint Père 36** (n°36 Boulevard de Strasbourg):
Sarl Saint Père 36 - Grévin (où il est représenté en cire depuis avril 2015) - Boucle de l'Ankh (Opéra Garnier) - Cité de l'Argentine.

Le Pape François au Musée Grévin, le 2 avril 2015

Clef de la Communication (Maison de Radio-France) - Sarl Saint Père 36 - Eglise Saint-Pierre du Gros Cailloux.
Impasse Saint-Pierre - Sarl Saint Père 36 - rue de Paradis
Passage Dieu - Basilique Perpétuel Secours - rue Dieu - Sarl Saint Père 36 - Cité de Paradis.
Passage Dieu - Sarl Saint Père 36 - rue de Rome
Cour de la Grâce de Dieu -   Sarl Saint Père 36 - Arc de Triomphe

Conclusion : les noms des sociétés, leur emplacement dans Paris, la date de leur création, ont une importance considérable dans le Parisis Code.

Signe avant-coureur

Au Vatican, le 13 mars 2013, des millions de fidèles de par le Monde, ont les yeux rivés sur la cheminée de la chapelle-Sixtine ; la fumée reste noire et le monde chrétien s'impatiente.
Alors, pour la première fois dans l'histoire du conclave, sous l'objectif des caméras du monde entier, peu après 17 heures, un goéland (sorte de grosse mouette) vient se poser sur le chapeau de la cheminée...
Il y restera jusqu'à 18h15, puis fera des allers-retours sur le toit de la chapelle, bien décidé à rester sous les feux des projecteurs. Certains l'avaient surnommé la Sainte-Mouette...
A 19h05, soit 50 minutes plus tard, la fumée blanche annonçait le nouveau Pape. Bref, le goéland resta sur la cheminée pendant le dépouillage du scrutin... C'était un "Goéland Argenté".

Le rapprochement avec le nouveau pape argentin est troublant !

Ce signe prend un sens particulièrement prémonitoire après l'élection du Pape François qui a choisi son nom de Pape en référence à Saint-François d'Assise, ce saint connu pour parler aux oiseaux. Il était surnommé "le fou qui parlait aux oiseaux".
A Paris, le goéland est représenté par la boutique Le Goéland, au n°16, rue Keller.

En reliant cette boutique à l'Impasse Saint-François, on obtient une ligne qui passe sur la rue Dieu !
La ligne reliant la Clef de la Communication à la boutique Le Goéland (aujourd'hui fermée définitivement), passe sur l'Hôtel des Saints-Pères (n°65, rue des Saints-Pères).
Je rappelle que dans le Code, les adresses qui n'existent plus continuent à faire fonctionner les alignements, car une trace persiste longtemps sur internet.
La ligne reliant la boutique Le Goéland à la rue d'Argentine, crée un axe qui traverse au Nord, l'Arc de Triomphe et au Sud le Passage du Trône.
On y trouve même le restaurant "Chez François", au n° 3, Avenue de Bouvines !
Au n°106, rue Saint-Charles, entre la rue de l'Eglise et la rue des Bergers, il existe un autre restaurant "Chez-François".
En reliant ce restaurant à la Boutique Lepape, on est étonné de voir cette ligne traverser l'Ambassade du Vatican, la rue François 1er, et surtout la rue de Buenos Aires ! Difficile de croire à une coïncidence…
Je ne peux résister à la tentation de relier les deux restaurants "Chez-François"… sait-on jamais !
Cette ligne traverse la rue de Lanneau (référence à l'anneau papale) et la rue Saint-Romain (clin d'œil à la démission de son prédécesseur Benoît XVI, le jour de la Saint-Romain.
La "Sainte Mouette" qui se posa sur la cheminée était-il un signe de Dieu ? La ligne reliant la Société "La Mouette" (n°18, rue d'Aumale) à

la rue Dieu, passe comme par magie sur la **Sarl Saint Père 36** (n°36 Boulevard de Strasbourg).

Nouvelle procédure de béatification ou canonisation

Par un motu proprio rendu public le 11 juillet 2017 (jour de la Saint-Benoît !), le pape François met en exergue une nouvelle voie pour l'ouverture d'un procès en béatification ou canonisation.
Il reconnaît que "l'offrande de la vie" est une voie valide pour accéder à la sainteté.
Il n'existait que deux façons de devenir saint : manifester des vertus héroïques ou mourir en martyr.
Un cadre qui ne pouvait pas s'adapter aux personnes "ordinaires" qui ont accepté de donner leur vie pour sauver leurs prochains.
Elles ne sont pas mortes au nom de leur foi, mais ont pleinement appliqué la parole du Christ : Il n'y a pas de plus grand amour que de donner sa vie pour ceux qu'on aime.
"L'offrande de la vie", correspond à une voie médiane entre le martyr et la reconnaissance de vertus héroïques.
Pour aboutir à la béatification, la seule offrande de la vie ne suffit pas, précise le motu proprio.
Il faut en effet trois autres conditions : l'existence de vertus chrétiennes vécues même de façon ordinaire ; l'existence d'une odeur de sainteté et des signes, au moins après la mort ; enfin, un miracle doit être obtenu par l'intercession de la personne concernée après sa mort.
À l'occasion du cinquantième anniversaire de la mort de Robert Schuman, le pape François, dans un message, espérait que l'Europe puisse, poursuivant l'intuition de Robert Schuman, prendre toujours mieux conscience de sa véritable identité et de son héritage spirituel.

25 - ODEUR DE SAINTETE ET ETAT DE GRÂCE

Trois des quatre pères fondateurs de l'Europe (Robert Schuman, Alcide De Gaspari et Konrad Adenauer) furent des catholiques dévots. Les deux premiers moururent d'ailleurs en odeur de sainteté.
Pour eux, il était évident que le Christianisme était au cœur de l'identité européenne.
L'expression mourir en **odeur de sainteté** (attestée après 1650), s'emploie pour désigner une personne qui meurt en état de grâce, de perfection spirituelle. Ce qui fut le cas pour Robert Schuman.
Cette expression vient de la croyance que certains saints, de par leur haut degré de perfection, exhalent une bonne odeur et échappent à la putréfaction bien longtemps après leur mort.
On dénombre une centaine de saints parfumés au moment de leur enterrement, et 347 dont les corps demeurèrent parfumés longtemps après leur inhumation.
Chez les morts en odeur de sainteté, l'organisme, au lieu de se corrompre, assure son propre embaumement en sécrétant des huiles odoriférantes. L'odeur de sainteté, sent bon.
De toutes les odeurs de sainteté, celle de sainte Thérèse d'Avila, qui mourut à l'âge de soixante-sept ans, fut certainement l'une des plus tenaces.

"**Odeur de Sainteté**" est une parfumerie située au n°22, Quai du Louvre.
La ligne reliant le Square Robert Schuman à cette boutique passe sur le Vatican (ce qui est peut-être un futur aveu de la part de la chrétienté), mais aussi sur le Ministère des Affaires étrangères, lieu de mémoire, où, dans le salon de l'horloge, Robert Schuman, alors ministre des Affaires étrangères, prononça le 9 mai 1950 sa fameuse déclaration Schuman qui est considérée comme fondatrice du processus de l'unité européenne.
La ligne reliant l'Avenue Robert Schuman au Passage de la Providence, passe sur la parfumerie "**Odeur de Sainteté**" (n°22, Quai du Louvre).
La ligne joignant la rue Robert Schuman (Charenton-le-Pont) à la rue de Chazelles (localité de Moselle où il est décédé), passe sur la parfumerie "**Odeur de Sainteté**".
Dans le christianisme, **la Grâce** est une aide surnaturelle accordée par Dieu aux hommes pour leur salut, qui est le fait d'échapper à la damnation éternelle.

Elle correspond à l'amour et à la bienveillance divine. Le concept de grâce est aussi étroitement lié à l'idée de prédestination.

Le prie-Dieu de Robert Schuman et son lit de Mort...

"**Etat de Grâce**" est un cabinet d'architecture et de design situé au n°2, rue du Buis.

La ligne reliant ce cabinet à la rue du 4 septembre (représentant la date du décès de Robert Schuman, passe sur la rue de la Paix et l'Avenue Robert Schuman.

La ligne reliant le Square Robert Schuman à la **Cour de la Grâce de Dieu**, passe sur la rue du 4 septembre, au niveau de la Place de l'Opéra (centre de la croix Ankh).

26 - INSTITUT SAINT-BENOIT, PATRON

DE L'EUROPE

L'Institut Saint-Benoît, Patron de l'Europe, à Montigny-lés-Metz (n°28, rue Charles de Gaulle), fondé le 15 août 1988, s'est fixé comme but d'œuvrer, au sein de l'Eglise, en faveur de la béatification du Serviteur de Dieu Robert Schuman.
Cet institut se trouve à 3,5 kilomètres, à vol d'oiseau de l'église Saint-Quentin où repose le futur saint…
La ligne reliant l'institut à l'église passe, comme un clin d'œil du Ciel, sur la Moselle, l'Impasse des Bras Morts, et l'Île des Jésuites.
Pourquoi les jésuites ?
Robert Schuman a été très marqué par l'éducation reçue au Luxembourg, en particulier à l'Athénée, le collège des pères jésuites, fondé en 1603, où il fut admis en 1896.
Ce lycée fut longtemps la pépinière de la vie intellectuelle luxembourgeoise. Robert Schuman excellent élève, y a appris l'allemand, le français, le latin et le grec.
En 1903, il passe son baccalauréat et fera des études de droit dans des universités allemandes.
C'est le 9 juin 1990, à Scy-Chazelles, que l'évêque de Metz a ouvert solennellement cette enquête canonique. Ce dossier a été acheminé au Vatican, pour instruction par la Congrégation pour les Causes des Saints.
Le 23 mars 2019, j'ai contacté cet Institut pour lui soumettre ma découverte concernant Robert Schuman, et la prochaine sortie de ce livre.
Après avoir décrit succinctement la sorte de miracle que j'avais découvert, et en donnant quelques exemples, la personne qui m'a écoutée a ri et déclaré que "c'était magique !".
Elle m'a poliment conseillé de m'adresser directement à l'Ambassade du Vatican, à Strasbourg.
Mais, pour cet Institut, seules les guérisons sont prisent en compte, et rejette tout autre forme de miracle.
Donc, toutes les tentatives pour faire admettre le côté miraculeux des alignements que j'ai découvert, sont voués à l'échec, aussi je ne compte pas perdre mon temps à convaincre l'Eglise ; c'est peine perdue !
Pour finir, mon interlocutrice m'a tout simplement raccroché au nez…
Mais, on ne pourra pas dire que je n'ai pas essayé.
D'ailleurs, ce premier et dernier contact, cette vaine démarche, est inscrite dans le Code !

Je rappelle que le Code fonctionne aussi par transposition d'adresses dans Paris.

Ainsi, mon adresse à Strasbourg (n°92, Avenue Jean Jaurès) est représentée par la même adresse à Paris.

Si, si je trace une ligne de 9,5 kilomètres reliant le n°92, Avenue Jean Jaurès (Paris), à l'Eglise **Saint-Benoît** d'Issy-les-Moulineaux (n°35, rue Séverine), elle passe sur le Jardin **Catherine Labouré** (miracle de la Médaille Miraculeuse, à l'origine du Drapeau de l'Europe), sur l'adresse parisienne de **Robert Schuman** à Paris, en 1960 (n°6, rue de Verneuil) sur l'Hôtel "**Le Saint**" (n°6, rue du Pré aux Clercs), sur la Sarl "**Montigny**" (n°21, Rue Jean-Jacques Rousseau), et sur la rue de **Metz**.

La ligne reliant l'Eglise Saint-Benoît d'Issy-les-Moulineaux à la Fondation Robert Schuman (n°29, Bld Raspail), passe sur… la Chapelle de la Médaille Miraculeuse, n°140, rue du Bac !

La ligne de 6,95 kilomètres reliant l'Eglise Saint-Benoît d'Issy-les-Moulineaux au Théâtre de l'Européen (5, rue Biot), passe sur l'Avenue Robert Schuman.

Il y a des personnalités qui demeurent dans la mémoire des hommes parce qu'ils ont agi sur le destin de l'humanité.

On se souvient avec effroi de certains noms qui ont introduit misère, mort et drames.

A l'inverse, d'autres rayonnent toujours comme des phares car ils ont conduit à plus de liberté, de solidarité, de partage, d'union et de paix...

Robert Schuman est de ceux-là. Par sa ténacité et son courage, il a su faire évoluer les mentalités, permis l'ouverture de nouveaux horizons et orienté nos regards vers un bel avenir à inventer et à construire...

Pour cela, il mérite d'être qualifié de Saint, n'en déplaise au Vatican et à l'Institut Saint-Benoît, Patron de l'Europe, censés l'aider.

27 - L'ALIGNEMENT MIRACULEUX DE

JEAN-PAUL II

"**Dire Europe, doit vouloir dire ouverture**". Cette phrase de Jean Paul II reste emblématique de la vision de l'Église pour l'Europe.
Une vision qui mérite d'être mieux connue et comprise aujourd'hui. C'est parce que le projet européen est avant tout un projet de paix et de réconciliation
Voici un exemple spectaculaire d'un alignement "miraculeux" en rapport avec Jean-Paul II (premier et dernier pape polonais), dont l'être humain ne peut en aucun cas être le maître d'œuvre :
Le pape Jean-Paul II (1920-2005) est venu en pèlerin à Vilnius (Lituanie), surnommée "La Jérusalem du nord", le 4 septembre 1993, pour se recueillir dans la Cathédrale-Basilique Saint-Stanislas, devant le sarcophage de Saint-Casimir, le Saint-Patron de la Pologne et patron suprême de la Lituanie.

La chapelle de Saint-Casimir et son sarcophage

Cathédrale-Basilique Saint-Stanislas à Vilnius

Si nous traçons une longue ligne de 1705 km Vilnius- Vatican), reliant le sarcophage de Saint-Casimir (Patron de la Pologne) au sarcophage du Saint Pape polonais Jean-Paul II (au Vatican), nous avons l'immense surprise de constater qu'elle passe avec précision sur **Wadowice**, en Pologne, ville natale de Karol Józef Wojtyła, dit Jean-Paul II !

Ligne virtuelle Vilnius -Vatican

28 - LE DERNIER CLIN D'ŒIL DU CODE

Pour terminer ce livre sur une note miraculeuse, toujours en rapport avec Robert Schuman, j'aimerais vous montrer à quel point les messages véhiculés par ce Code sont étranges et précis, et vont dans le sens de la canonisation de "Saint-Robert".

Au n°6, Avenue Robert Schuman, se trouve un très bel Hôtel particulier de style néo-classique construit en 1913 par l'architecte Pierre Leprince-Ringuet (1874-1954).

Cette année-là, Robert Schuman avait 27 ans, et présidait la partie francophone du grand rassemblement laïc catholique, le *Katholikentag*, tenu à Metz. Un an plus tard, la Première Guerre mondiale éclatait....

Cet immeuble cossu, offre une particularité peu commune, en rapport avec le Parisis Code, dont l'emblème est la Croix Ankh, croix de la **Vie Eternelle** pour les égyptiens antiques.

Il possède des fenêtres dont les armatures dessinent précisément une **croix Ankh**.

La croix ankh est le symbole par excellence de l'immortalité, de l'éternité. Elle est portée à la main par tous les dieux, mais elle est aussi un symbole de pouvoir du pharaon. Il s'agit d'un accessoire spécifiquement Divin... C'est une clé ouvrant la porte du royaume des morts. L'Ankh est certainement à l'origine de la croix christique. La sainteté, pour l'Eglise, ouvre le Royaume des Cieux pour l'éternité.

Immeuble du n° 6, Avenue Robert Schuman

A Paris, il existe depuis 7 ans, une Société "**Ankh**", située au n°32, rue de **Paradis**. Elle est spécialisée dans le secteur des activités des sociétés holding.

Si nous traçons une ligne reliant cette société **Ankh** à la Clef de la **Communication** (Maison de Radio-France), elle traverse comme par miracle l'immeuble en question du n°6, Avenue **Robert Schuman**, mais aussi la rue de **Paradis**, la rue du **4 septembre** (date du décès de Robert Schuman, la rue de la **Paix** la Sarl **Destin** (n°4, rue du général Camou) et la Sci du **92, Avenue Jean-Jaurès** (n°6, rue du général Camou) !

Incroyable mais vrai, le 92, Avenue Jean-Jaurès, est mon adresse personnelle à Strasbourg, où j'ai découvert cette ligne extraordinaire. Tout était écrit ! Cette ligne est symboliquement tenue par la "main" gauche (Est) de la Grande Croix Ankh !

Le Grand-Œil (Observatoire de Paris) qui regarde l'Arc de Triomphe, crée une ligne qui passe sur l'immeuble aux fenêtres "Ankh"! Que doit-on comprendre du destin de Robert Schuman ?

Robert Schuman, constructeur de la **Paix**, bénéficie à sa mort le **4 septembre** de la **Vie éternelle** au **Paradis** ?

"Saint" Robert Schuman - Une auréole pour l'Europe

L'Ankh de Paris et la fenêtre "Ankh"

Robert Schuman est mort le **4 septembre 1963**. Autrement dit, ce jour-là, ce grand chrétien a été accueilli dans la Maison de **Dieu**.
Ce "détail" est magistralement inscrit dans le Code.

La ligne joignant la rue **Maison-Dieu** à la Société "**Maison fondée en 1963**" (n°64, rue Pierre Charron *), passe sur l'Avenue **Robert Schuman** (précisément sur l'immeuble aux fenêtres-Ankh). * "Maison fondée en 1963" est un coiffeur…

Cet alignement à lui seul est une confirmation de sainteté de la Providence. Il n'a pas besoin d'une autorisation du Vatican !

La ligne joignant le Square **Robert Schuman** à la rue **Dieu**, passe sur la Société "Maison fondée en **1963**" (n°64, rue Pierre Charron), sur la rue **François 1er** (le Pape François, qui va le canoniser), sur la rue du **4 septembre**, et sur la rue de **Metz**, la ville où il habita à partir de 1912, où il exerça son métier d'avocat, et enfin où eurent lieu ses funérailles le 9 septembre 1963, en la Cathédrale Saint-Etienne.
Cette ligne passe de plus sur le centre de la Grande **Croix Ankh** de Paris : la Place de l'Opéra.

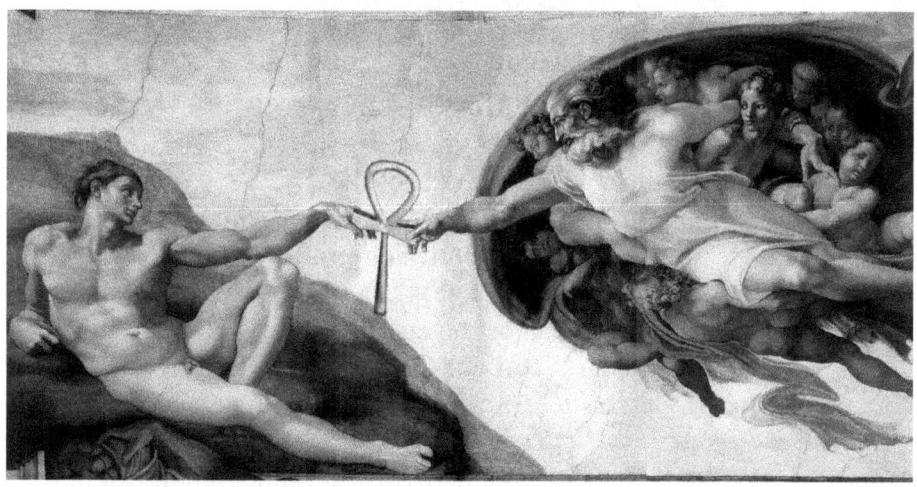

A Paris, il existe au sein de la Faculté de Médecine Broussais-Hôtel-Dieu, une impressionnante statue représentant la Mort… C'est une des Clefs de la Mort du Code, avec l'entrée du Cimetière du Père Lachaise.

"Saint" Robert Schuman - Une auréole pour l'Europe

La ligne reliant la statue de la **Mort** à l'Ambassade du Vatican, passe sur l'Avenue **Robert Schuman**.

Robert Schuman est mort à 77 ans, en Moselle.

La ligne Clef de la **Communication** (Maison de Radio-France) - rue de **Moselle**, passe sur l'Avenue **Robert Schuman**, la Place de l'Opéra (centre de l'Ankh), et la Galerie **77** (n°77, rue du Faubourg Poissonnière). Robert Schuman est né en **1886**.

La ligne reliant le Square **Robert Schuman** à l'entrée de l'Opéra (boucle de l'Ankh), passe sur la Société " **1886**, Partner Ship" (n°23, rue d'Anjou).

Le 4 septembre 2018, sur une idée de l'Institut Saint-Benoit qui porte la cause de béatification du Serviteur de Dieu, Robert Schuman, une messe avec et pour les malades a été célébrée à la Cathédrale de Metz.

Personne n'aurait pu imaginer 55 ans après la mort de Robert Schuman, que la cathédrale de Metz soit pleine en ce jour !

A partir de maintenant, une messe sera célébrée tous les 4 du mois à l'intention et en communion avec Robert Schuman, à la Cathédrale et à Scy-Chazelles, lieu où repose le père de l'Europe.

Mais ne quittons pas des yeux cette fenêtre-Ankh de l'Avenue Robert Schuman. Elle n'a pas encore fini de "parler", et nous fait même un clin d'oeil !

En effet, la ligne reliant le restaurant "**Le P'tit clin d'œil**" (n°92, Boulevard Diderot au Square **Robert Schuman**, passe sur l'immeuble aux fenêtres Ankh, autrement dit sur n°6, Avenue **Robert Schuman**, Rappelons-nous : le 9 mai célèbre la Déclaration Schuman de 1950, est la Journée de l'Europe. Ce 9 mai est aussi la **Saint-Pacôme**. Mais quel rapport avec l'Ankh, me direz-vous ?

Saint-Pacôme le Grand, (du nom copte *Pachom* signifiant "grand aigle" ou "faucon du roi"), est né en Egypte vers 292 et mort vers 348 est généralement considéré comme le fondateur du cénobitisme chrétien (vie religieuse vécue en commun).

Saint-Pacôme est à l'origine du plan à forme de croix ansée (**Ankh**) des églises romanes.

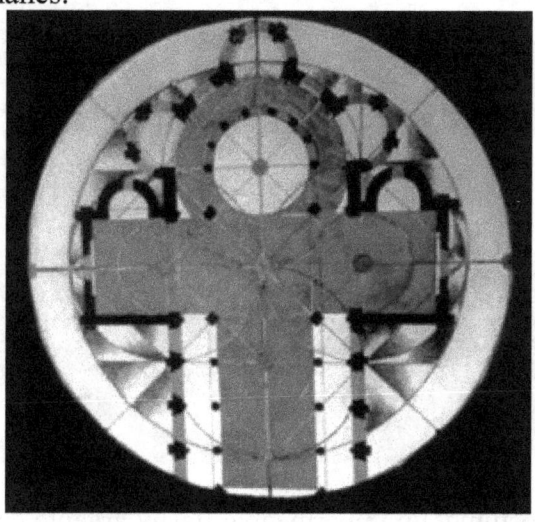

Ce signe étant celui de ceux qui détenaient la connaissance des sciences sacrées et censés avoir percé les secrets de l'Au-Delà.

C'est aussi la clef géométrique qui ouvre les clefs de la Vie Eternelle.

Le cercle de la croix ansée représente l'Absolu. Le Tau (en forme de T) représente la croix en bois sur laquelle chaque chrétien est destiné à mourir pour ressusciter.

Coïncidence : presque 2 siècles avant la Déclaration Schuman, prônant l'union des états européens pour éviter les guerres…Le **9 mai** 1754, jour de la **Saint-Pacôme**, Benjamin Franklin publia une caricature considérée comme la première parue aux États-Unis. Intitulée *Join, or Die* ("S'unir ou périr").

29 - LE MANNEKEN-PIS EUROPEEN

L'œil de l'Aigle des Buttes-Chaumont qui regarde le Théâtre de L'Européen (n°5, rue Biot), crée une ligne qui passe sur la rue de Bruxelles.

Chaque année, le 9 mai, jour de l'Europe, anniversaire de la Déclaration Schuman (9 mai 1950), considérée comme le texte fondateur de la construction européenne, le célèbre Manneken-Pis, l'un des symboles les plus représentatifs et prisés de Bruxelles depuis 1388, s'habille aux couleurs de l'Europe. Ce n'est que quelques-uns de ses 1000 costumes…

Son millième costume, un imperméable flashy argenté entouré de néons jaunes et rouges, hommage à l'Atomium, fut fêté en mai 2018. Pour l'occasion, le petit exhibitionniste pissa de la bière !

A Paris, le Grand-Œil (Observatoire de Paris) qui regarde la rue de Bruxelles, crée une ligne de 5,2 km qui passe miraculeusement sur le bar… Manneken-Pis (n°4, rue Daunou).

Le "Manneken-Pis" parisien est une discrète fontaine, œuvre de l'anarchiste Emile Derré, bien cachée à Montmartre, proche du Sacré Cœur, au bas du square Louise Michel (proche de l'entrée du funiculaire de Montmartre).

On y voit une mère entourée de ses jeunes enfants, aider son bébé à uriner. L'enfant urine vraiment, comme son "copain" bruxellois.

30 - LE PARLEMENT EUROPEEN

L'œuvre de Robert Schuman s'est matérialisée le 14 décembre 1999 (jour de la Sainte-Odile, Patronne de l'Alsace), par l'inauguration du bâtiment Louise Weiss (IPE 4), siège du Parlement européen de Strasbourg, dont l'adresse officielle est : n°1, Avenue du Président Robert Schuman, 67000 Strasbourg.

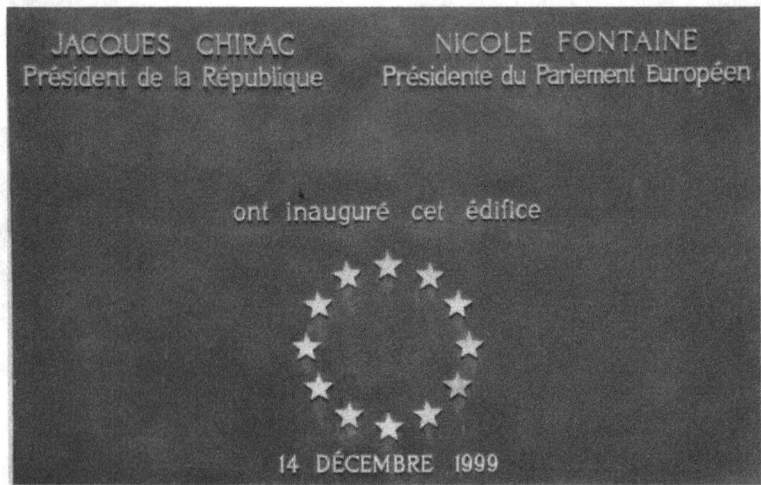

Le Parlement européen de Strasbourg

Ce bâtiment colossal fut réalisé par le cabinet d'architectes ***ARCHITECTURE STUDIO*** installé au n°10, rue Lacuée à Paris. Où se trouve cette adresse dans le Code de Paris ?
Sur la ligne Square Robert Schuman, Avenue Robert Schuman et n°6, rue de Verneuil où il habitait en 1960 !
La ligne reliant l'adresse d'Architecture Studio à la Maison de l'Europe (n°29, Avenue de Villiers), passe sur le centre de la grande croix Ankh (Place de l'Opéra) et la rue du 4 septembre, représentant la date du décès de Robert Schuman.

Louise Weiss (1893-1983), d'origine alsacienne, fut la doyenne des députés au Parlement européen.
La mort de Louise Weiss, le 26 mai 1983 est inscrite dans le Code: la ligne reliant la Clef de la Mort (entrée principale du cimetière du Père Lachaise) à la Sarl du 26 mai (n°4, rue Gandon), passe sur la rue Louise Weiss !

Preuve que le Parlement Européen serait l'œuvre de Notre-Dame...
La ligne Clef de la Communication - Architecture Studio traverse la Chapelle de la Médaille Miraculeuse (rue du Bac), à l'origine du drapeau européen.
Architecture Studio a réalisé à Paris (rue d'Alleray), l'étrange église cubique Notre-Dame de l'Arche d'Alliance, juste avant le Parlement européen de Strasbourg.
La ligne reliant l'adresse d'Architecture Studio à la Clef de la Création (Parvis des Droits de l'Homme du Trocadéro), passe sur la Cathédrale Notre-Dame de Paris et la rue Saint-Benoît (Patron de l'Europe et saint patron des architectes).
La ligne reliant la rue Louise Weiss à la Place de l'Europe passe sur le centre de la grande croix Ankh (Place de l'Opéra) et la rue du 4 septembre, mais aussi sur la Cathédrale Notre-Dame de Paris.
La ligne reliant la Fondation Robert Schuman (n°29 Boulevard Raspail) à la Paroisse (et église) de l'Immaculée Conception (n°34, rue du Rendez-Vous), passe sur l'adresse d'Architecture Studio. Rappelons que le drapeau européen fut adopté le 8 décembre, jour de l'Immaculée Conception.
La rue Louise Weiss se trouve à 100% dans l'alignement sud de l'adresse d'Architecture Studio.

31 - LE QUOTIDIEN DE ROBERT SCHUMAN
… quand le Code devient magie…

Robert Schuman fut allemand jusqu'en 1918, puis français à partir de 1919. De 1926 à sa mort en 1963, il vécut simplement dans sa maison de Scy-Chazelles où émanaient le calme, la sérénité et la paix, qu'il souhaitait tant.
Encore aujourd'hui, dans cette demeure restée "dans son jus", transformée en musée, on retrouve l'atmosphère de l'après-guerre. Tout est encore à sa place, comme en 1963, où il l'a quitta définitivement pour retrouver son créateur.
Dans cette maison, Robert Schuman recevait parfois à la bonne franquette son ami Konrad Adenauer (Premier chancelier de la république fédérale d'Allemagne de 1949 à 1963) d'une simple omelette aux herbes du jardin (son plat préféré), accompagnée d'une salade de son jardin.

Dans sa salle à manger, pièce lorraine, basse, ne comportant qu'une table et 4 chaises, il partagea son repas avec des invités de marque parmi lesquels le Pape Jean XXIII (alors qu'il était agent diplomatique du Saint-Siège, à Paris (nonce apostolique).

"Saint" Robert Schuman - Une auréole pour l'Europe

La maison avec l'église où il repose en arrière plan

"Saint" Robert Schuman - Une auréole pour l'Europe

Jean XXIII fut pape de 1958 à sa mort, en 1963 (la même année que Robert Schuman). Très troublant : la ligne reliant le Square Robert Schuman au Square Jean XXIII, passe sur l'Avenue Robert Schuman et la Cathédrale Notre-Dame de Paris !
Jean XXIII fut béatifié en l'an 2000 par Jean-Paul II, canonisé en 2014 par le Pape François et considéré saint le 11 octobre 2014.
Robert Schuman fut célibataire toute sa vie.
Il fut aidé quotidiennement de 1919 à 1963 par sa gouvernante Marie Kelle, qui, dans la buanderie, faisait la lessive à la main…
Dans la cuisine au mobilier rustique et à la décoration typique des années, un crucifix est suspendu au mur.

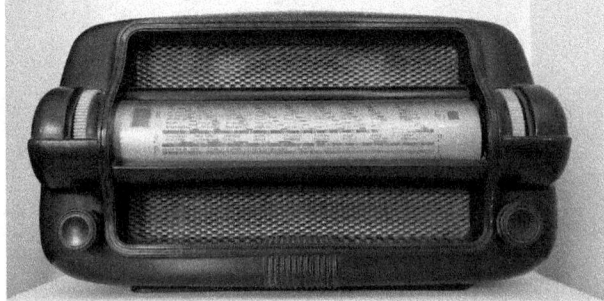

Dans le garage, sa Simca Aronde (qu'il n'a jamais conduite) semble attendre son retour. Il n'avait pas son permis; il en laissait le soin à son chauffeur.
En général, cet homme d'une grande humilité se déplaçait en train ou en bus pour se mêler à la population. La ligne reliant le Square **Robert Schuman** à la Société **"Bonté divine"** (n° 3, rue Claude Pouillet) passe

sur le centre de la **Grande Croix** du Christ, sur la rue de **Chazelles** et enfin la **Maison de l'Europe**.

Grand "amoureux des livres", il en possédait environ 8000 dans son meuble-bibliothèque. Robert Schuman apposait ses initiales "RS", à l'encre bleue, sur l'une des premières pages des ouvrages qu'il collectionnait.

Le Pape Jean XXIII et Robert Schuman, en 1950.

Les deux hommes moururent la même année (1963).

Selon les prophéties de Jean XXIII : en l'an 2026 (ou 27) viendra donc le Jugement Dernier.

"Celui que tout chrétien attend et demande dans le *Notre Père*, la prière donnée par Jésus…" Notre Père, qui êtes aux cieux, que votre nom soit sanctifié, **que votre règne arrive…**"

32 - AU PETIT TONNEAU

A Scy-Chazelles, Robert Schuman avait l'habitude de fréquenter l'auberge "Au Petit Tonneau" (n°5, rue Saint-Nicolas), un tabac-épicerie-bistrot, comme autrefois, qu'il appelait sa "cantine".
Elle ne se trouve qu'à 500 mètres à pied de sa maison.

"Au Petit Tonneau", à Scy-Chazelles...

De 1953 à 1963, il s'installait toujours à la même table pour commander son plat préféré : un cochon de lait en gelée avec des "crêpes aux pommes de terre de Maman" et pour finir une tourte pomme-cannelle. Le tout accompagné d'une bière ou d'un petit vin de pays…
L'auberge "Au Petit Tonneau", typiquement lorraine, existe encore pour quelques mois, et rien n'a changé. Le carillon de la porte d'entrée tinte comme un vieux téléphone en bakélite des années 50.
Lorsqu'on entre ici, c'est comme si le temps s'était arrêté…
La place du Père fondateur de l'Europe est encore clairement identifiée. On a l'impression d'être au début du 20ème siècle.

"Saint" Robert Schuman - Une auréole pour l'Europe

Depuis 60 ans, c'est une affaire de famille, tenue par une dénommée Brigitte Pifflinger.
Elle doit prochainement prendre sa retraite. Espérons que le prochain repreneur gardera l'esprit de cet endroit, cette sorte de "capsule temporelle", à l'image de la Maison de Robert Schuman.
Aujourd'hui, ce petit bistrot ouvre occasionnellement, du mercredi au dimanche soir, et n'est fréquenté que par les marcheurs du week-end.
Sur le banc au bout duquel Robert Schuman déjeunait, le plus souvent seul, après ses longues et méditatives promenades, une petite ardoise et

une phrase inscrite à la craie, pour signifier la place attitrée de l'homme d'État.

Brigitte, alors adolescente, ignorait presque tout. " On savait que c'était une grande personnalité, qu'il faisait des choses importantes, mais il ne parlait pas vraiment de ça, encore moins de l'Europe !" raconte- t-elle. *(Source : Alexandra Parachini).*

En 1780, les lieux appartenaient aux sœurs de l'hôpital Saint-Nicolas, qui en avaient fait une "champagneraie".

Le domaine fut ensuite revendu à *Kloss & Foerster*, une entreprise allemande de Fribourg en Brisgau qui produisait un vin appelé "**Rotkäppchen**" (*Petit chaperon rouge*)…un cru déjà connu comme le loup blanc à l'époque, et à ce jour le vin pétillant leader dans le monde, avec une production annuelle de plus de 116 millions de bouteilles!

Son nom provenait de sa capsule rouge.

Me croirez-vous si je vous affirme que le restaurant préféré de Robert Schuman "Au Petit Tonneau", est clairement inscrit dans le Code de Paris ? Je vous sens sceptique !

Pourtant c'est bien le cas. En effet, il existe bien à Paris un restaurant "Au Petit Tonneau", au n°20, rue Surcouf.

Si je trace une ligne reliant la rue de Chazelles à ce restaurant, celle-ci passe sur l'Avenue (je vous le donne en mille !)… Robert Schuman ! Ce dernier l'appelait sa "**cantine**"…

Là encore, surprise codée vraiment troublante : le Square R.Schuman, l'Avenue R.Schuman, le restaurant "Au Petit Tonneau" et le restaurant "La Cantine" (n°119, rue de Reuilly) sont rigoureusement alignés.

Coïncidence étrange, ce restaurant se trouve à 100 m de cette avenue !

"Au Petit Tonneau", à Paris...

Anecdote amusante : c'est en habitué du "Petit Tonneau" (à Paris), que le Commissaire Maigret, animé sous la plume de Georges Simenon, délaissait sa pipe quelques instants pour prendre place à la *"table du commissaire"* et savourer son plat favori : une blanquette de veau. (photo : Tripadvisor)

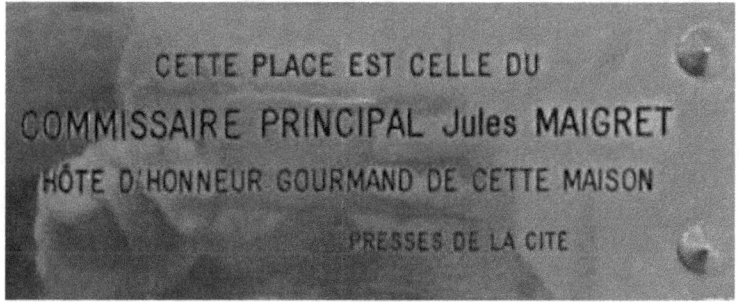

Pendant la guerre, la maison de Robert Schuman fut réquisitionnée par les Allemands. Ses meubles et ses affaires personnelles furent remisées dans un local de la mairie. A la libération, tout lui fut restitué, et il eut la surprise de retrouver sa maison équipée de deux salles de bain et du chauffage central qui n'existait pas à l'origine.

33 - UN VOYAGE PREDESTINE…

Les 11 et 12 **avril** 2019, je me suis rendu en **Moselle**, à Scy-**Chazelles** pour me recueillir sur la tombe du Père de l'Europe, mais aussi suivre la course du soleil dans l'église Saint-Quentin.
J'ai passé deux nuits fortes agréables, en famille, dans "**La Maison d'Anouck**" (chambre d'hôtes) au n°9, **rue de Crimée** à Scy-Chazelles.

Ici, encore, plusieurs alignements étonnants se sont révélés dans Paris.
La Sarl "**Un jour d'Avril**" (n°3, rue Laugier), la rue de **Chazelles**, la rue de **Moselle**, le **n°92, Avenue Jean-Jaurès** (transposition à Paris de mon adresse, à Strasbourg), et la **rue de Crimée** sont alignés !
La ligne reliant le n°9, rue de Crimée (de Paris) à la rue de Chazelles, passe comme par magie sur la Place de… l'Europe !

La ligne reliant le n°9, rue de Crimée (de Paris) représentant symboliquement "La Maison d'Anouck", à la rue **Robert Schuman** (Charenton-le-Pont), passe sur la Sarl **Anouk** (n°26, rue des Rigoles).
Ce n'est pas tout : la ligne reliant la rue de Chazelles à la Sarl Anouk, passe aussi sur la Place de… l'Europe et la rue des Messageries ! Merci pour ce message… parfaitement reçu !

Mais quel était le but le plus important de ce voyage à Scy-Chazelles ? Le Soleil !
En effet, d'après mon intuition, il devait exister un phénomène solaire artificiel symbolique sur la tombe de Robert Schuman.
Je tenais à le vérifier de visu...
La semaine du 7 au 14 avril, correspondant à peu près à la position du soleil, le jour du décès de Robert Schuman, je décidai donc de me rendre dans l'église Saint-Quentin, en fin de matinée. Par chance, le 11 avril s'annonçait ensoleillé.
Et c'est ce jour précis que le spectacle solaire tant attendu s'avéra magique. La tombe se retrouva baignée dans une lumière multicolore quasi-divine !
Le lendemain, le phénomène a réapparu, toujours aussi magnifique. Mais qui à Scy-Chazelles, l'a déjà admiré ?
L'église est semble-t-il toujours vide à cette époque.
Elle est ouverte de 10 à 18h, lors de l'ouverture de la Maison de Robert Schuman, sauf le mardi. Le week-end, elle reste souvent fermée.
Incroyable : ce rendez-vous avec le soleil d'avril est magiquement inscrit… à Paris, sous forme d'alignement !
De plus, le Code nous précise que ce phénomène d'**avril** se reproduit en **septembre** !

En effet, la ligne reliant la rue du **Soleil** à la Sarl **"Un jour d'Avril"** (n°3, rue Laugier), passe sur la Sarl **"Avril en Septembre"** (n°145, rue de Belleville), sur la rue de **Saint-Quentin** (nom de l'église et du Mont où est inhumé Robert Schuman), sur la **Place de l'Europe** (où se situe, à Scy-Chazelles, la Maison de Robert Schuman et l'église où il repose), et sur la rue de **Chazelles.**

Place de l'Europe (Scy-Chazelles)

"La Maison d'Anouck" qui se trouve dans la commune où se trouve le tombeau de **Robert Schuman**, est tenue par la sympathique Scygéocastelloise **Anouck Chiche**.

Etrangement, à Paris, la ligne joignant la Sarl **Anouk** (n°26, rue des Rigoles) au Square **Robert Schuman**, passe sur le restaurant israélien **Chiche** (n°29, rue du Château d'Eau), et la rue de **Metz** (Scy-Chazelles se trouve dans la banlieue de Metz, à 5 km du centre-ville).

Bref, des lignes qui ont incontestablement du sens, et sont infiniment troublantes !

34 - L'INCENDIE DE NOTRE DAME DE PARIS

Tragique : le premier jour de la semaine sainte, soit trois jours après ma visite à Scy-Chazelles, le 15 avril 2019 (jour de la Saint-**César**), à 18h50mn, la Cathédrale **Notre-Dame** de Paris était la proie des **flammes**. D'autres 15 avril ont marqué les esprits : Le naufrage du Titanic (15 avril 1912), la mort de Lincoln (15 avril 1865), les attentats du marathon de Boston (15 avril 2013)…
La Cathédrale fut en partie sauvée par 400 pompiers qui luttèrent contre le feu pendant 9 h. Une semaine que je ne suis pas prêt d'oublier !
J'avais visité l'édifice le 30 septembre 2014, et avait eu le privilège de pénétrer dans la tour nord, et admirer les cloches.
Cette tour commençait à brûler ce 15 avril…
Coïncidence: Notre-Dame de Paris, le Square et l'Avenue Robert Schuman sont alignés.

Ce dramatique incendie intervient alors que la révolte des Gilets Jaunes enflamme la France depuis 5 mois.
Le Chef de l'état Emmanuel Macron devait prendre la parole 2 heures plus tard ce 15 avril, pour annoncer les mesures destinées à éteindre cet "incendie".
N'oublions pas ce que qu'écrivait Victor Hugo en 1831 dans son roman "Notre-Dame de Paris":
"Il y avait une grande flamme qui montait entre les deux clochers avec des tourbillons d'étincelles, une grande flamme désordonnée et furieuse dont le vent emportait par moment un lambeau dans la fumée."
Avec la chute de la flèche, ce sont les dernières reliques de Sainte-Geneviève, celles de Saint-Denis, et la dernière épine de la couronne du Christ, qui ont failli partir en fumée.

Elles se trouvaient à l'intérieur du coq qui se trônait depuis 1935 au sommet de cette flèche, à 90 mètres de hauteur.
Le coq était en fait une capsule temporelle inviolable; la plus sûre qui soit… en principe.
La flèche constituait une sorte de paratonnerre spirituel, protégeant tous ceux qui œuvre pour la louange de Dieu à l'intérieur de la Cathédrale, icône de la Jérusalem céleste.
Par bonheur le Coq a été retrouvé le lendemain, seulement cabossé.

La flèche en feu s'effondre avec le coq en son sommet

La voûte en feu s'effondra en partie

Comme une vision... Les archives témoignent de ce que la mémoire oublie... La Cathédrale de Reims fut détruite par un incendie le 24 juillet 1481, puis lors des bombardements allemands le 19/9/1914.
La Cathédrale Notre-Dame de Strasbourg fut frappée deux fois, par la guerre, dans son histoire, en 1870 et en 1944.
Le bombardement du 26 août 1870 causa de nombreux dégâts et détruisit totalement le toit avec sa charpente médiévale.
En 1944, ce fut la tour Klotz, datant de 1870, qui fût gravement endommagée et des voûtes furent crevées. Mais à chaque fois, la cathédrale de Strasbourg fut restaurée, reconstruite.

Reims 1481   *Strasbourg 1870*

Visiblement attristé par l'incendie de Notre-Dame de Paris, le Pape François n'a pourtant jamais visité Paris ni Strasbourg, et encore moins leur cathédrale !
Quoique ce n'est pas tout à fait exact... Le jeudi 2 avril 2015, à 10 h du matin, soit 4 ans avant le terrible incendie, il se trouvait bel et bien (virtuellement) devant le portail de la Cathédrale Notre-Dame de Paris !
En effet, avant de regagner le Musée Grévin, la statue en cire, le pouce levé, du souverain pontife fut exposée pendant quelques heures devant la Cathédrale.

"Saint" Robert Schuman - Une auréole pour l'Europe

Le 2 avril est fêtée Sainte-Marie l'Egyptienne, dont le culte était célébré à Paris, rue de la Jussienne. Cette église Sainte-Marie l'Egyptienne fut démolie vers 1792... Etrangement, cette rue se trouve sur la ligne reliant le Musée Grévin au portail central de la Cathédrale Notre-Dame de Paris où fut exposé le pape en cire...

Contrairement à ses deux prédécesseurs, Jean-Paul II et Benoît XVI, qui étaient des francophiles et des francophones convaincus, la France n'est pas une priorité pour le pape François.

Il a d'autres horizons... il regarde plutôt vers l'Asie et la Chine en particulier. Et son horizon est plutôt tourné vers La Mecque !

En effet, en trois ans de pontificat, il s'est déjà rendu dans deux mosquées, dont celle de Jérusalem.
Le 29 novembre 2014, il a explicitement prié dans la mosquée bleue d'Istanbul aux côtés du grand muphti…
Il a croisé les doigts, incliné longuement la tête en fermant profondément les yeux, pour signifier qu'il priait en direction du mihrab, cette niche cernée de deux colonnes, qui indique la qibla, donc la direction de la Mecque.
Le Pape François aura osé ce qu'aucun de ses prédécesseurs n'a jamais fait: prier ouvertement dans une mosquée à côté d'un dignitaire musulman. Le 30 novembre 2015, il pénétrait dans la grande mosquée de Bangui, en Centrafrique…

Notre-Dame victime du terrorisme islamique ?

Les 13 et 14 mars 2019, exactement un mois avant l'incendie de la Cathédrale Notre-Dame de Paris, le 15 avril 2019, environ 3.000 djihadistes de l'Etat Islamique se sont rendus aux Forces syriennes dans l'est de la Syrie.
Du « califat » autoproclamé en 2014, il ne restait aux djihadistes de Daech qu'un tout petit secteur du village de Baghouz près de la frontière irakienne.
Le 23 mars 2019, ce fut l'assaut final et l'élimination totale du "califat" de Daesh. Cette défaite revêt ainsi une grande importance symbolique.
Déclenchée en 2011, la guerre en Syrie a fait plus de 360.000 morts et plusieurs millions de déplacés et réfugiés.
Si l'organisation Etat islamique a perdu son ultime ancrage territorial, le groupe a déjà entamé sa mue en organisation clandestine. Ses combattants sont disséminés dans le désert syrien et parviennent à mener des attentats meurtriers.
Le groupe a appelé, les jihadistes restants à persévérer, estimant que la bataille n'est pas achevée.
L'incendie soudain et plus que suspect de la Cathédrale Notre-Dame de Paris est-elle l'ultime vengeance contre les chrétiens ?
On a malheureusement recensé 1038 actes anti-chrétiens en 2017 et 1063 en 2018…
Rappelons que même si le gouvernement détient les preuves d'un hypothétique attentat (ce qui semble ne faire aucun doute, pour certains experts), il ne peut en aucun cas le dévoiler, sous peine de déclencher une vague incontrôlable anti musulmane en France et dans le Monde.

Un tel événement tragique et exceptionnel ne pouvait en aucun cas passer inaperçu dans le Parisis Code.
En fait tout était inscrit avec précision depuis longtemps dans le Code.
Que nous dit le Code à travers ses alignements symboliques ?
La **Maison** de **Marie**, la **Cathédrale Notre-Dame** de Paris, a **brûlé** le 15 avril 2019...
Pour le Parisis Code, le verdict est clair : sachant que le mot "**Apocalypse**" signifie en fait révéler, découvrir…
La ligne de 6,9 km reliant l'Ambassade de **Syrie** (n°10, Avenue de Tourville) à la Société **Apocalypse** (n°26, rue des Grands Champs), passe sur la Sarl **l'Evénement en Question** (n°4, rue Joseph Granier), sur le Mémorial aux **Victimes du Terrorisme** (Jardin de l'Intendant des Invalides), sur la **Cathédrale Notre-Dame**, sur le Pont **Marie**, et enfin sur la très suggestive, Cour de la **Maison brûlée** !

Mémorial aux Victimes du Terrorisme

"Saint" Robert Schuman - Une auréole pour l'Europe

Vers minuit, la Croix en feu ! Photo : drône des pompiers de Paris

L'incendie de la Cathédrale Notre-Dame de Paris, s'est déclenché le **15 avril** 2019, jour de la **Saint-Paterne**.
L'Oeil de l'Aigle des Buttes-Chaumont qui regarde la Sci **Sainte-Paterne** (n°149, Avenue du Maine), crée une ligne qui passe sur l'entrée de la Cathédrale **Notre-Dame**, sur la rue **Dante** (auteur de "**L'Enfer**"), sur le Passage d'**Enfer** !
L'Enfer est la première partie de la Divine Comédie de Dante Alighieri. Les parties suivantes sont le Purgatoire et le Paradis...
L'autre saint célébré le **15 avril** est **Saint-César**.

La ligne reliant la Sci **Sainte-Paterne** à la Sci **19**, représentant l'an 2019, et située au n°33, rue de la Solidarité, passe sur le chœur de Notre-Dame…
Le Code de Paris semble nous montrer que la Cathédrale Notre-Dame devait s'enflammer en ce jour maudit de la Saint-César…
Ce saint participa au massacre de la Saint-Barthélémy, en 1572.
La ligne reliant la Cathédrale **Notre-Dame** de Paris au restaurant "**La Flamme**" (n°6, Avenue de Wagram), passe devant la Sci **César** (n°40, rue Beaujon).
Cet axe passe sur le Pont de la Tournelle où se dresse la statue de Sainte-Geneviève, la Sainte patronne de Paris, dont les reliques tombèrent ce jour-là !

Beaucoup de gens pensent que le mot Daesh est un acronyme arabe pour désigner l'Etat Islamique. Mais c'est faux.
En fait, le mot Daesh n'existe pas dans la langue arabe. Il a été en fait "fabriqué" de toute pièce.
Par contre, on notera d'autres mots, s'en rapprochant phonétiquement, à l'instar de **Daes**, signifiant "*celui qui écrase avec le pied*", ou encore **Dahes**, signifiant "*celui qui sème la discorde ou la zizanie*".

Un sauvetage, providentiel…

La Cathédrale Notre-Dame est-elle protégée ?
Un alignement le confirme. La ligne reliant la rue de la **Providence** à la Sarl "**Beauté Divine**" (n°78, rue Myrha), passe sur la rue **Saint-Sauveur** et effectivement sur cette **Cathédrale**.

Etrangement, le 11 avril (**Saint-Stanislas**), soit quatre jours avant l'incendie de Notre-Dame, comme si une force divine avait décidée de les sauver du brasier, les statues en bronze repoussé des 12 apôtres et 4 évangélistes (conçues par l'architecte Viollet-le-Duc) qui entouraient la flèche de Notre-Dame depuis 1860 ont été déposées pour rénovation.

Cette opération de grande ampleur, avait nécessité un hélicoptère et une grue de 120 mètres de haut.
Elle était inscrite dans le Code, date comprise:
La ligne reliant la Sarl "**Les Anges Volants**" (n°41, rue de Cronstadt), au bar "Le **Saint-Sauveur**" (n°11, rue des Panoyaux) passe sur la rue **Stanislas** et la Cathédrale Notre-Dame de Paris !
Etrangement, pourquoi mettre un haut gradé militaire pour superviser cette opération ? Quelle compétence avait-il ?

Les statues furent décapités au chalumeau, officiellement une raison de contraintes de dimension liées à leur transport par camion, jusqu'à l'entreprise Socra, à Marsac/l'Isle, près de Périgueux (Périgord - Dordogne).

Une chose est certaine, ces statues qui se trouvaient tout autour et au pied de la flèche n'auraient pas résisté à l'incendie et à la chute de la flèche.
Certains penseront à une étrange coïncidence inespérée. D'autres se poseront des questions…
C'est la décision providentielle de restaurer les statues au Périgord qui a sauvé les statues de Notre-Dame :
La ligne reliant la Clef de la Communication (Radio-France) au Square du Périgord, passe sur la Cathédrale Notre-Dame, et le Passage de la Providence!
Les statues, hautes de 3,5 mètres et pesant chacune 150 kg, seront restaurées une à une jusqu'en 2022, pour un coût de 100 à 120 millions d'euros… pièce !
Parmi les têtes coupées, on trouve celle de Viollet-le-Duc, qui n'avait pas hésité à enlever celle de Saint-Thomas pour y mettre la sienne…
Incroyable : la date de cette décapitation figure dans le Code !
La ligne reliant la rue Stanislas à la Sarl "La Tête Ailleurs" (n°42, rue de la Folie Méricourt), passe sur Notre-Dame de Paris!
Lors de l'incendie de Notre-Dame, c'est la flèche voulue par Viollet-le-Duc (dont la tête est ailleurs, en Périgord, qui fut réduite à néant…
La ligne reliant la rue Viollet-le-Duc à l'Association France-Victimes (n°27, Avenue Parmentier), passe sur la Sarl "La Tête Ailleurs".
Cette décapitation des statues était-elle vraiment nécessaire?

Cette insolite opération revêt pour certains un sens hautement symbolique, anticatholique et antichrétien.
C'est le signe que Notre-Dame de Paris ne sera plus, pour un certain temps, une cathédrale chrétienne mais un temple républicain….
Notre-Dame aurait en quelque sorte été "déposée", comme les têtes des saints.
En 257, Saint-Denis, le Saint-Patron de Paris fut décapité avec ses amis, à Montmartre.
C'est lui qui est représenté sur le Mémorial aux Victimes du Terrorisme qui se trouve dans le Jardin de l'Intendant, aux Invalides. Mémorial qui figure sur la ligne symbolique évoquant l'incendie de Notre-Dame.

Saint-Denis, le Saint-Patron de Paris

Un incendie programmé ?

Internet est magique : il conserve le plus souvent des traces effacées du passé.
L'archivage web permet ainsi de découvrir que le site officiel de la cathédrale Notre-Dame avait déjà annoncé à la fin mars que les tours seraient rendues inaccessibles aux visiteurs une heure plus tôt dans la journée du lundi 15 avril, jour fatidique de l'embrasement rapide et mystérieux de la cathédrale…
Normalement, à cette date, la terrasse est accessible jusqu'à 18h30 et 15 minutes plus tard pour l'intérieur de l'édifice.
Pourquoi les responsables de la cathédrale ont-ils restreint l'accès aux tours une heure plus tôt précisément ce 15 avril ? Mystère.

Aucune explication ne fut fournie sur le site à propos de cet avertissement mentionné ailleurs.

Détail troublant : la première alarme a retenti à 18h20 et **le feu fut constaté vers 18h50**.

Donc c'est précisément durant la tranche horaire de 17h30/18h30 que le foyer du feu fut activé... Accidentellement... Ou délibérément. Les ouvriers avaient tous quitté les lieux à 17h30! (source: Panamza)

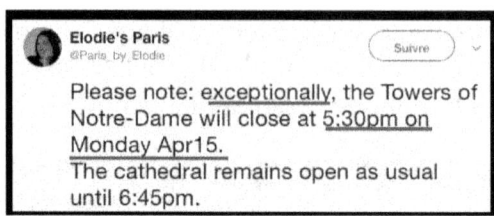

Compte Twitter en date du jeudi 11 avril.

Daesh avait-il prévenue les autorités de son intention d'incendier Notre-Dame ?

Il y a-t-il eu un accord avec l'organisation islamique pour éviter de faire un grand nombre de victimes, en fermant le site à l'avance?

La ligne reliant la Sarl **Satan** (n°4, rue du Prévôt) à la Sarl Smart Fire (n°18, rue Gramme) - traduction : "**feu intelligent**", passe sur **Notre-Dame** de Paris et sur **Saint-Sulpice**, où un incendie (criminel) s'était déclaré un mois auparavant, le 17 mars 2019, à 13h40.

Un incendie providentiel...

L'incendie de Notre-Dame s'inscrit dans une série de profanations recensées dans toute la France. Mais à qui profite le crime ?

Depuis décembre 2015, la "mission **Bélaval-Perrault**" a été commanditée pour étudier la possibilité de transformer l'île de la Cité en une "île-monument" avant les Jeux olympiques de 2024 et l'Exposition universelle de 2025.

Cette mission avait listé 35 chantiers coordonnés pour faire de cette île la promenade obligée de 14 millions de touristes annuels.

Malheureusement cet ambitieux projet ne pouvait être réalisé pour la date prévue, car la moindre expropriation peut durer des décennies. Il y avait de plus l'impossibilité de détruire une partie du patrimoine pour mettre en valeur une autre partie.

L'incendie providentiel de Notre-Dame débloqua en quelques heures la situation.
Dès le lendemain, le président Macron, tel un chef d'entreprise déclarait : "… nous rebâtirons la cathédrale Notre-Dame plus belle encore, et je veux que cela soit achevé d'ici 5 années".
Aussitôt, une importante décision fut prise : étouffer tout débat sur les causes de l'incendie afin d'éviter qu'une enquête judiciaire (forcément chronophage) ne vienne perturber ce bel agencement.
Rapidement, alors qu'aucun enquêteur n'avait été en mesure de se rendre sur le lieu de l'incendie, le procureur de la République de Paris assura que la piste criminelle n'était pas privilégiée et que l'incendie était lié à un accident de chantier (circulez, il y rien à voir !).
Pourtant les experts du site, pompiers, artisans et architectes, affirment qu'aucun élément de chantier n'était capable de provoquer un tel incendie, à cet endroit et à cette vitesse.
Etrangement, la piste d'un acte anti-chrétien ou anti-religieux a été arbitrairement écartée.
Sachant que la majorité des grands incendies interviennent dans le cadre de projets immobiliers, l'hypothèse d'un acte volontaire pour permettre la transformation de l'île de la Cité doit être examinée.
Une majorité de Français a été sidérée par ce sinistre, et révoltée par l'indifférence arrogante de sa classe dirigeante. (*source Wikistrike*)

On se souvient qu'à une certaine époque, un certain Baron Haussman (1809-1891) n'avait pas hésité à employer les grands moyens pour "réenchanter" ce qui devait devenir grâce à lui, l'une des plus belles villes du monde. Les travaux du baron Haussmann ont modifié Paris à 60 %. Les nombreuses expropriations entraîneront des contestations et manifestations et pousseront à la faillite des petits propriétaires.
Une forte spéculation immobilière exclut les classes les moins aisées de la société parisienne.

Depuis l'incendie, les architectes en chef des monuments historiques doivent désormais adresser les demandes d'interview et les éléments de réponses envisagés au cabinet du ministre de la Culture.
L'afflux de dons provenant du monde entier pour la reconstruction de Notre-Dame de Paris, devait atteindre la somme d'un milliard de dollars, en quelques jours, soit le double de la somme nécessaire.
Le reste pourrait être utilisé pour la rénovation d'autres édifices religieux, toutes religions confondues… synagogues et mosquées.

L'Agence **Dominique Perrault** architecture (responsable du projet de l'île de la Cité) se trouve au n°6, rue Bouvier...
La ligne reliant cette agence à la Cathédrale Notre-Dame, passe sur la Cour de la Maison Brûlée... Cet axe rejoint la rue du Progrès à Montreuil ! Message ?
L'une des sociétés de **Philippe Bélaval** (Président des Monuments nationaux et autre responsable du projet de l'Île de la Cité)) se trouve au n°211, Avenue Jean-Jaurès.
La ligne reliant cette adresse à celle de Dominique Perrault (6, rue Bouvier), passe sur l'entrée du cimetière du Père Lachaise, **clef de la Mort** dans le Parisis Code. Message ?

Voyance de Nostradamus (1505-1566), de son vrai nom : **Michel de Notre-Dame**, est considéré par beaucoup comme l'un des prophètes les plus précis de l'histoire. Voici l'une de ses prophéties concernant la Cathédrale éponyme:
"A l'aube d'une nouvelle ère,
 la vieille et séculaire dame,
dans les flammes se consumera,
mais de ses cendres renaîtra,
son cœur, percé d'une flèche,
toute ourlée d'or et de rubis,
pourtant à nouveau battra
et dans l'éther sa voix s'élèvera,
afin d'annoncer au vil roi,
à l'âme noire en cœur de pierre,
aux désirs âpres et sanguinaires,
que son règne incessamment finira,
par la volonté du peuple du soleil,
l'âge sombre remplacé sera,
par la divine lumière de l'humanisme,
de l'amour, tolérance et grandeur d'esprit."

Nostradamus parlait-il de **Lucifer** ? Car Il existe aussi une ligne reliant la rue **Maison-Dieu** à **Notre-Dame de Paris**, qui passe sur la Société... **Lucifer** (n°76, rue Notre-Dame des Champs) !

Pourquoi avoir choisi symboliquement Saint-Colomban (540-615), le Saint-patron de Luxeuil ? Ce n'est pas un hasard.

En effet, sous l'ère mérovingienne, ce saint fut le premier à employer le mot Europe au fil de ses correspondances adressées aux papes. "Au très beau chef de toutes les églises de l'Europe toute entière !"

"Au Seigneur saint, au Père qui est à Rome le plus bel ornement de l'Eglise du Christ et comme la fleur auguste de l'Europe languissante, à l'éminent gardien, au maître dans la contemplation de Dieu et de ses anges, moi vil Colomban, j'adresse mon salut…"

Cette mention de l'Europe des chrétiens à cette époque, est probablement la plus ancienne connue à ce jour.

N'oublions surtout pas que Colomban vient de la colombe, qui est un symbole de paix.

A Paris, si nous relions la rue de la Colombe à la Place de l'Europe, celle-ci passe sur le centre de la Croix Ankh (Place de l'Opéra), où aboutissent la rue de la Paix et la rue du 4 septembre, évoquant la mort du Père de l'Europe, Robert Schuman.

Le 4 septembre pourrait d'ailleurs devenir la "Saint Robert Schuman", si ce dernier est canonisé.

Saint-Colomban (moine irlandais) résida une vingtaine d'année à Luxeuil-les-Bains. Son abbaye (Ordre de Saint-Benoît) garde le témoignage de son œuvre qui eut un rayonnement culturelle et spirituelle dans toute l'Europe.

Il est considéré comme le symbole d'une Europe unie dans sa diversité, porteuse d'espoirs de paix et de fraternité entre les peuples. Il est fêté le 23 novembre.

Comme par hasard, c'est un 23 novembre jour de la Saint-Colomban, que Strasbourg, la ville qui devait devenir la Capitale de l'Europe, fut libérée et retrouva la Paix !

En Novembre 2011, le Pape Benoit XVI a officiellement reconnu Saint-Colomban comme le saint patron protecteur de tous les motocyclistes dans le monde.

Etrangement, Strasbourg, aujourd'hui Capitale de l'Europe, posséda au début du Moyen-Âge, une petite église, dédiée à Saint-Colomban, dont il subsiste encore un caveau souterrain. Elle se trouvait à moins de 2000 mètres du Parlement Européen. En 1031 elle fut remplacée par une église romane. Lors de sa consécration en 1053, probablement par le Pape Léon IX, l'église prit le nom de Saint-Pierre le Jeune pour la distinguer d'une autre église dédiée à Saint-Pierre, qui prit le nom de Saint-Pierre le Vieux.

36 - L'ODE A LA JOIE, un hymne qui sent le soufre

L'hymne européen est la mélodie instrumentale de l'"Ode à la joie", issue de la Neuvième Symphonie de Ludwig van Beethoven, créée à Vienne en 1824.

Un Conseil européen lui reconnut ce statut en 1985, à la suite du Conseil de l'Europe de 1972. Cet hymne est régulièrement utilisé par l'Union européenne pour ses cérémonies, en Europe comme à l'étranger.

L'"Ode à la joie" de Beethoven fut choisie pour représenter l'Europe non seulement à cause de sa grandeur musicale, mais aussi des valeurs proclamées dans le fameux vers de Schiller, que la mélodie instrumentale évoque à défaut de chanter : "Tous les hommes deviennent frères."

Le symbole musical de l'Europe, adaptation de l'"Ode à la joie" de Beethoven, est dû à Herbert von Karajan, chef du Philharmonique de Berlin, surnommé Generalmusikdirektor d'Europe, qui en fit un enregistrement chez Deutsche Grammophon et en orchestra le lancement dans les médias.

Karajan malgré son passé nazi bien gênant, avait été sollicité juillet 1971 par le secrétaire général du Conseil de l'Europe, surtout à cause de sa notoriété.

L'idée de confier à de Karajan la direction de l'hymne mais également son arrangement n'est pas venue du Conseil de l'Europe mais... de Karajan lui-même.

Les hauts fonctionnaires souhaitaient qu'Herbert von Karajan renonce à ses droits "dans le souci d'éviter que l'hymne européen ne profite financièrement à une personne ou une maison d'édition".

Karajan refusa avec ténacité toute concession sur ce point, et insista pour que la partition et l'enregistrement se fassent avec ses partenaires de travail habituels.

Le secrétaire général en personne lui demanda en vain de céder ses droits. Ainsi Karajan resta le propriétaire de l'adaptation nouvelle de l'oeuvre de Beethoven conçue en tant qu'hymne européen."

C'est dans ces conditions que le 5 mai 1972, journée de l'Europe, l'hymne européen est lancé par Eurovision sur les images d'Herbert von Karajan et de son orchestre mêlées à celles du drapeau bleu aux douze étoiles. A l'évidence, l'institution de Strasbourg n'était pas capable d'en imposer au musicien le plus puissant d'Europe.

Herbert von Karajan était Autrichien, né à Salzbourg, en 1908 au sein d'une famille bourgeoise anoblie. Il a rejoint le parti nazi allemand dès avril 1933.

En 1947 il est "dénazifié" par les alliés. Il est décédé en 1989 à Anif (Autriche) à l'âge de 81 ans.

Les symboles sont tenus à l'exemplarité sous peine d'affaiblir les valeurs dont ils sont la représentation sensible dans l'espace public.

Dans ce dernier cas, ils restent exemplaires, certes, mais seulement des compromis historiques dont ils sont issus.

L'arrangement de la Neuvième par Herbert von Karajan ancien membre du parti nazi,

est, comme une ironie de l'histoire, celle de la trace persistante de l'organisation responsable de la seconde guerre mondiale et de la Shoah sur le symbole d'une Europe qui prétend faire des droits de l'homme et de la démocratie le socle moral de son projet politique.

On peut penser que cette contradiction n'a qu'une valeur... symbolique, c'est-à-dire insignifiante. On peut aussi juger que c'est un problème, et qu'il faut que l'Europe se mette en accord avec ses valeurs.

Un hymne n'est jamais que ce que les gens en font. En tout état de cause, du moment qu'il s'agit d'un symbole politique, c'est aussi une question politique. *(Source : Esteban Buch - 2009)*

L'hymne européen dans le Code de Paris

La ligne reliant la Maison de l'**Europe** (n°29, Avenue de Villiers) à la Sarl "**Ode** à la Réussite" (n°24, rue Saint-Blaise), passe sur la Sarl **Joie** (n°9, Avenue de Villiers), la Place de l'**Europe**, et la rue de la **Victoire**.

La ligne reliant la rue **Beethoven** à la Sarl **Ode** (n°7, rue d'Argout), passe sur l'Avenue **Robert Schuman** et la Place des **Victoires**.
La ligne reliant la rue **Beethove**n à la Place de la **Nation**, passe sur la rue **Saint-Benoît** (patron de l'Europe), la Sci **La Joie** (n°6, Place Saint-Germain des Prés) et **Notre-Dame** de Paris.
La ligne reliant la rue **Beethove**n au Théâtre de **l'Européen** (n°5, rue Biot), traverse la Clef de la **Création** (Fontaine de Varsovie du Trocadéro).

37 - UN "GENTIL" MEMBRE DE LA MAISON DE L'EUROPE...

Une grosse surprise, 41 ans plus tard... Internet vous livre aujourd'hui des informations auxquelles vous n'auriez probablement jamais eu l'occasion d'avoir accès.
En 2018, je mettais de l'ordre dans mes dossiers, lorsque je suis tombé sur l'acte de vente de mon appartement, acheté en octobre 1977 à Strasbourg.
J'ai regardé de plus près à qui je l'avais acheté... Je n'en avais pas eu la curiosité jusqu'à présent...
Il s'agissait d'un certain Maximilian Mayerl, (1917-2010) dirigeant de la société Soprex, né en Autriche, qui aurait 102 ans aujourd'hui.
C'est cet autrichien qui fut le promoteur de l'immeuble de 12 étages où j'habite depuis 42 ans...
Cette tour du n°92, avenue Jean Jaurès (42 m) fut achevée en 1972.
C'est à cette adresse que fut découvert le Parisis Code (le code de Paris).
La société Soprex a été fondée à Strasbourg en 1948, soit seulement trois ans après la guerre par Max Mayerl. L'appartement que j'habite lui a appartenu pendant 5 ans.
Par curiosité j'ai tapé son nom sur internet, et je n'ai pas été déçu ; ce que j'ai découvert est très troublant !
Je suis tombé automatiquement sur la liste des "As de la Luftwaffe", sur Wikipédia… et pour cause !
Ce Maximilian Mayerl n'était ni plus ni moins qu'un nazi, héros de la Luftwaffe. Le site nous apprend que ce pilote (Oberleutnant) avait à son actif 647 missions soldées par 76 victoires aériennes.
Il a effectué 172 missions sur le front de l'Ouest et 42 en tant que sorties de chasse-bombardier sur le front de l'Est.

Autant dire qu'il avait sur la conscience, des centaines de morts, voire des milliers… Mais dans son entourage qui fut au courant de ce lourd et inavouable passé nazi ?

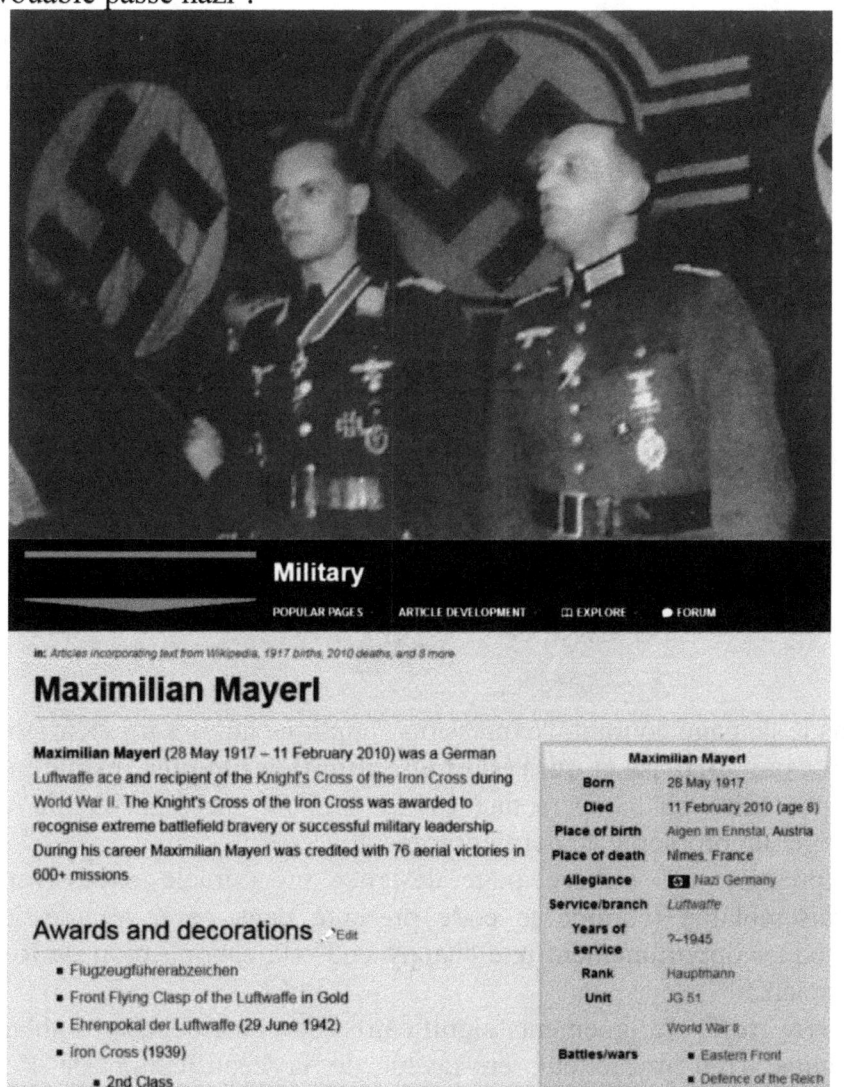

Officiellement "parti de rien", (vraiment?), bâtisseur dans l'âme (après avoir été destructeur hors pair), il avait démarré sa carrière à Strasbourg, au lendemain de la Seconde Guerre mondiale, en créant deux centrales à béton pilotées par ordinateur.

Il construisit des milliers de logements en Alsace, avant de s'installer dans le Gard, à Nîmes, où il mourut tranquillement…

Cet autrichien, Européen convaincu, était membre de la **Maison de l'Europe**…

38 - CONCLUSION
Le *Deus ex machina* de Robert Schuman

Deus ex machina (locution latine) signifie littéralement "dieu sorti de la machine". C'est le mécanisme théâtral qui sert à faire entrer une divinité en scène.

Dans le langage courant, l'expression s'applique aussi **à un élément qui arrive par surprise et qui résout une situation bloquée jusque-là.**
On peut dire qu'une personne est le deus ex machina si elle vient arranger un problème au dernier moment.
L'expression est utilisée pour désigner un miracle excessivement invraisemblable (comme le code présenté dans ce livre), destiné à provoquer opportunément une "happy end" (la canonisation de Robert Schuman.
Ce livre truffé d'alignements significatifs, de coïncidences troublantes, de clins d'œil mystérieux en faveur de la béatification de Robert Schuman, est un véritable "Deus ex machina" destiné à ouvrir les yeux des personnes en charge de sa canonisation.
Mais ouvrir les yeux de personnes aveuglées par deux millénaires de religion et d'obscurantisme serait "le" véritable miracle ! Je ne cache pas mon pessimisme…
Combien de fois me suis-je heurté à l'étroitesse d'esprit et à la méfiance des curés lors de mes recherches sur les phénomènes solaires artificiels dans les églises ?

Il ne s'agissait pourtant que de simples systèmes symboliques (pourtant créés par l'Eglise elle-même !) utilisant la course du soleil pour célébrer Dieu, le Christ et les Saints, pour mieux impressionner ses ouailles.

Je n'ai eu comme interlocuteurs que des personnes stupides (prêtre du Mont Sainte-Odile, prêtre de l'église Saint-Germain l'Auxerrois (Paris) ou encore Monseigneur Fellay, évêque de la Fraternité sacerdotale Saint-Pie-X), qui voient Satan partout, mais n'ont naturellement jamais vu (ou voulu voir) la pédophilie et les nombreuses malversations qui rongent l'Eglise et la désertifie chaque jour un peu plus.

Celui qui n'ose pas s'attaquer à ce qui est mauvais, sait mal défendre ce qui est beau (*Robert Schuman*). Cette phrase figure au Lieu d'Europe, à Strasbourg.

Par ma découverte du système baptisé Parisis Code (le Code de Paris), et mes recherches concernant la sainteté hypothétique de Robert Schuman, je suis moi-même un "Deus ex machina".

En deux mots, j'ai fait les recherches que l'Eglise aurait dû faire elle-même.

J'ajoute que je n'ai absolument rien à voir avec une quelconque religion (Dieu merci !), ni d'ailleurs avec l'Europe.

Que j'ai réalisé cette étude en toute liberté, avec toute objectivité et neutralité possible, par amour de la recherche, exclusivement, comme je l'ai fait pour les Présidents de la République, les artistes, les poètes et même la farouche adversaire de l'Europe, Marine Le Pen.

Que Robert Schuman devienne saint m'importe peu… je n'ai rien à y gagner, si ce n'est la désapprobation des laïques. C'est uniquement l'affaire de l'Eglise.

Par contre, s'il le devenait, on assisterait à une levée de boucliers de la part de ceux qui supportent déjà mal l'origine mariale du Drapeau de l'Europe.

Pour finir, nous conclurons ce livre sur ce superbe alignement, long de 6,66 kilomètres. Comprenne qui pourra !

Arc de **Triomphe** - Rue de la **Renaissance** - Avenue **Robert Schuman** - Jardin **Catherine Labouré** (étoiles du drapeau de l'Europe) - Observatoire de Paris (le **Grand-Œil de Dieu** ?) - rue de l'**Espérance** - Association Compagnie **Deus ex machina** (n°28, rue Martin Bernard) - rue de la **Providence**.

39 - EXORCISME

Si certains lecteurs très chrétiens jugent que cette accumulation de preuves en faveur de la béatification de Robert Schuman est l'œuvre de Satan, ou s'ils pensent tout simplement que Satan m'habite... je leur propose de m'exorciser, grâce, justement au Saint Patron de l'Europe : Saint-Benoît.

Le service de l'Exorcisme pour les huit Diocèses de l'Ile-de-France est confié à l'Accueil Saint-Michel de la Basilique Notre-Dame du **Perpétuel Secours** (n°6, rue René Villermé), à Paris.

Cette Basilique se trouve face au cimetière du Père Lachaise.

La ligne reliant celle-ci au chœur de la Cathédrale Notre-Dame de Paris, passe sur la **Sarl Satan** (n°12, rue du Prévôt).

La ligne reliant la Basilique à la Clef de la Communication (Maison de Radio-France) traverse la sinistre **Porte de l'Enfer**, œuvre du sculpteur Auguste Rodin (1840-1917), qui se dresse depuis 1937 dans les jardins du musée Rodin (n°77, rue de Varenne). Cette pièce monumentale en bronze a demandé plus de 30 ans de travail, est composée de 227 figures, pèse 8 tonnes. Elle mesure plus de 6 mètres de haut.

La ligne reliant l'Impasse Satan à la rue Dieu, traverse la Basilique Notre-Dame du Perpétuel Secours !

Autre alignement très parlant : la ligne joignant la Porte de l'Enfer à l'Impasse Satan passe sur la petite rue Saint-Benoît. Pourquoi ? Saint-Benoît est le saint patron des exorcistes !

Cette ligne passe aussi sur la Sainte-Chapelle qui était, à sa construction, considérée comme la Clef du Paradis.

Saint-Benoît est souvent représenté avec un calice d'où sort un serpent, pour rappeler que ce Saint échappa à la mort en faisant un signe de Croix sur une coupe pleine de poison que ses moines lui présentaient à boire.

Ce poison de mort ne put supporter le signe de vie qui est la Croix, et la coupe de verre se brisa comme si on avait lancé contre elle une pierre.

Médaille d'exorcisme de Saint-Benoît (médaille des sorciers)

Prière pour se défendre du malin, à réciter pendant l'exorcisme (en latin et français); les lettres sur la médailles représentent les paroles en latin de la prière :

Crux Sancti Patri Benedicti.
Croix de notre Père Saint Benoît.
Crux Sancta Sit Mihi Lux !
Que la Sainte Croix soit ma Lumière !
Non Draco Sit Mihi Dux.
Que le démon ne soit pas mon chef.
Vade Retro, Satana ! (V-R-S)
Retire-toi, satan !
Non Suade Mihi Vana.
Ne me persuade pas de tes vanités.
Sunt Mala Quae Libas.
Ce que tu offres est mauvais.
Ipse Venena Bibas !
Bois toi-même ton venin !
La ligne reliant la Clef de la Communication au Passage **Dieu**, passe sur la rue **Saint-Benoît** (Saint Patron des exorcistes), sur la **Sarl Satan** (n°12, rue du Prévôt), et sur l'**Impasse Satan**.
La ligne reliant La Grande Galerie de l'Evolution aux anciennes Pompes Funèbres Municipales de Paris (rue d'Aubervilliers), passe sur la rue Dieu et la **Sarl Satan**.
Le Hellfest ou "**Fête de l'Enfer**", festival de musique français, se déroule chaque année depuis 2006, en juin, à Clisson (Loire atlantique). Il accueille plus de 100 000 personnes.
Le rapport de Clisson avec l'enfer est nettement marqué dans le Parisis Code: la ligne joignant la rue de **Clisson** à la Clef de la Communication ou encore le "Grand Œil" du Code (entrée de l'Observatoire de Paris) traverse le Passage... d'**Enfe**r...
L'Eglise de **Satan** fut fondée le 30 avril 1966 à San Francisco par **Anton** Szandor **Lavey** surnommé le "Pape noir", qui fut aussi l'auteur de "La Bible satanique" (1969).
Véritable provocation : si nous reconstituons par une ligne le nom du fondateur de l'Eglise de Satan :société **Lavey** (n°44, rue Etienne Marcel) - Société **Anton** (n°23, rue de la Villette), celle-ci passe sur la rue **Dieu** !
L'axe Société **Anton** (n°25, rue du Faubourg Saint-Martin) - société **Lavey** (n°44, rue Etienne Marcel) atteint la Porte de l'**Enfer** du Musée Rodin.
La ligne reliant la Sarl **Demoniac** (n°65, Avenue Parmentier) à la société **Lavey** passe sur la Sarl **Le Diable au Corps** (n°28, Boulevard Voltaire) et sur le restaurant **Le Diable Rouge** (n°11, rue Marie Stuart)

Le "bouc" émissaire... La forte odeur du bouc et son rôle de procréateur l'ont fait assimiler à *Satan*, ce dernier symbolisant la luxure, parmi d'autres péchés…

Le pentagramme inversé dans lequel est incrustée la figure d'un *bouc* (Baphomet) est le symbole de l'église de *Satan*.

La ligne joignant l'**Impasse Satan** à la Sarl **Barbe de Bouc** (n°11, rue Leconte de Lisle) passe sur le chœur de la Cathédrale Notre-Dame de Paris.

La ligne joignant l'**Impasse Satan** à l'Association **Le Bouc sur le toit** (n°49, rue d'Hauteville) passe sur le chœur de la Basilique Notre-Dame du **Perpétuel Secours** (n°6, rue René Villermé) et son service d'exorcisme.

En concluant le synode sur la protection des enfants, en février 2019, le Pape François a dénoncé " **la main de… Satan**".

"C'est pratique, Satan! Ce n'est pas lui qui viole nos enfants, mais des prêtres", s'est insurgé Francesco Zanardi, le responsable d'une des huit associations de victimes qui avaient été reçues par la commission. L'Église reste dans le déni ou l'hypocrite relativisation de tous les problèmes qui ébranle ses propres piliers. Elle ne mesure pas encore le danger auquel elle s'expose… L'incendie de Notre-Dame de Paris, le 15 avril 2019 ne serait-il pas un avertissement de la part du Créateur ?

Le Diable de la Cathédrale de Strasbourg…(montage)

40 - UNE AUREOLE POUR L'EUROPE ?

Mais, même si le Code proclame saint le Père de l'Europe, même si par miracle le Pape le considaire digne d'être saint, Robert Schuman n'est pas prêt d'exhiber une auréole étoilée sur une médaille commémorative.
Rappelons-nous, en 2013, **Cyrille** (826-869) et son frère **Méthode** (815-885), les co-saints patrons de l'Europe, furent privés d'auréole par l'Europe…
A l'occasion des 1150 ans de l'arrivée des saints Cyrille et Méthode en République tchèque, la Slovaquie avait décidé de lancer une pièce commémorative rappelant la contribution des deux apôtres à la foi chrétienne et à la construction du pays.
Cyrille et Méthode furent les premiers missionnaires envoyés chez les Slaves en 863 pour les évangéliser.
Ils leur composèrent un alphabet qui deviendra l'alphabet cyrillique.
Pour souligner leur contribution à l'évangélisation d'une large part de l'Europe, Jean-Paul II les a proclamés, en 1985, co-patrons de l'Europe aux côtés de saint Benoît.

Sauf que certains États membres, ainsi que la Commission européenne, ont demandé à la Slovaquie le retrait de certains détails qui figuraient sur le projet initial de la médaille, à savoir les auréoles que portaient les deux saints et les croix qui ornaient leurs vêtements….
Cette possibilité est en effet prévue par le règlement européen, notamment dans les cas où un État estime que le "projet de dessin est susceptible d'engendrer des réactions défavorables parmi ses citoyens".
La Slovaquie a dû se résigner à retirer ces symboles religieux "pour respecter le principe de neutralité religieuse".

Seule subsiste finalement la double croix byzantine que portent les deux saints, symbole national slovaque.
Une décision qui a provoqué un certain émoi dans un pays profondément catholique voyant là un manque de respect de la tradition chrétienne européenne.

La pièce frappée par la Slovaquie

"Vivons-nous réellement dans un État de droit ou dans un système totalitaire où l'on nous dicte quels attributs sont autorisés ?", s'est interrogé le porte-parole de l'épiscopat slovaque, rappelant que, "dès 1988, avant la Révolution, les fidèles slovaques ont risqué leur vie par l'annonce des œuvres et de l'enseignement des deux saints ". *(source Nicolas Senèze - 2012)*

Presbourg est l'ancien nom de Bratislava, la capitale de la Slovaquie.
Il n'existe pas de voie portant le nom de Bratislava à Paris.
La ligne reliant l'église Cyrille et Méthode à la rue (circulaire) de Presbourg, passe sur l'Arc de Triomphe.

41 - PRIERE AU SERVITEUR DE DIEU
Robert Schuman

L'Institut Saint-Benoît (Evêché de Metz) - n°15, Place Sainte-Glossinde, à Metz, a édité une prière (neuvaine) a l'intention des croyants désirant intercéder auprès de Dieu, en faveur de la béatification de Robert Schuman.

Le petit fascicule en question, intitulé " Neuvaine au Serviteur de Dieu" Robert Schuman - Fête le 4 septembre", " Robert Schuman, la politique, chemin de sainteté 1886-1963)" se trouvait le 12 avril 2019, dans l'église Saint-Quentin de Scy-Chazelles.

Une neuvaine est une prière répétée neuf jours de suite, qui demande l'intercession d'un Saint, ou adressée directement à Dieu, qui répond aux appels du Christ Jésus : "Demandez, et l'on vous donnera... frappez, et l'on vous ouvrira..." ; "Tout ce que vous demanderez avec foi par la prière, vous le recevrez" ; "Tout ce que vous demanderez en mon nom, je le ferai" ; "Ce que vous demanderez au Père, il vous le donnera en mon nom", etc…

Les témoignages montrent que Dieu se laisse toucher par cette forme de prière :

Seigneur, c'est à l'exemple d'un homme "doux et humble de cœur" que je T'adresse ma prière.

A la suite de Robert Schuman, je m'abandonne à ta Divine Providence, et je Te redis:

Tu es le Maître, je Te fais confiance. Entends ma prière pour Robert Schuman, et ainsi, **viens manifester la sainteté de ton serviteur Robert Schuman**, *disciple du Christ au service du bien commun. Seigneur,* **donne-moi aujourd'hui de faire Ta volonté là où je vis.** *Amen. (Approbation ecclésiastique).*

Prière d'envoyer la relation des faveurs obtenues par l'intercession de Robert Schuman, à l'adresse suivante :

Monseigneur R.P Bernard Ardura, o.praem -
 Viale Giotto 27 I-00153 Roma.

En cas de guérison miraculeuse, joindre les certificats médicaux de la maladie et de la constatation de la guérison…

Au-delà de mes convictions, en faisant les recherches sur la sainteté de Robert Schuman, grâce au Code de Paris (Parisis Code), que la Providence m'a permis de découvrir en 2005, et en les publiant en toute transparence, je livre à l'ensemble de la communauté chrétienne, la manifestation divine de la **sainteté de son serviteur Robert Schuman.** Puisse-t-elle trouver en son sein, un homme ou une femme suffisamment éclairée, capable de comprendre et relayer cette Volonté Divine (et probablement ces messages obtenus par l'intercession du Scygéocastellois Robert Schuman) auprès des autorités Vaticanes, même si celles-ci attendent plutôt une guérison miraculeuse.

Si Robert Schuman est canonisé, ce sera grâce à son importante contribution à la **PAIX**. Sa fête sera célébrée le **4 SEPTEMBRE** (date de sa mort)…

A Paris, la rue du 4 septembre et la rue de la Paix se rejoignent au niveau de la Place de l'Opéra, centre de la Croix-Ankh, également croix chrétienne.

La 8ème prière proposée dans le fascicule édité par l'Institut Robert Schuman, concerne "L'Esprit prophétique"… il fait un rapprochement avec Moïse…

"Saint" Robert Schuman - Une auréole pour l'Europe

" Moïse, prophète et berger de son peuple, désirait à la fin de sa vie, que tous les Hébreux soient animés de l'esprit prophétique... L'acte du 9 mai 1950, posé par Robert Schuman, est éminemment prophétique. Ainsi il aspirait à la solidarité universelle dont l'Europe unie est une étape.

A Paris, la rue du 4 septembre évoquant indirectement la date de décès de Robert Schuman, a elle aussi quelque chose de prophétique.

En effet, officiellement, la rue du 4 septembre a été baptisée en l'honneur de la date de la proclamation de la Troisième République le 4 septembre 1870.

Officieusement cette rue a d'autres significations possibles, car elle ne précise pas l'année...

Dans le Code de Paris (Parisis Code), elle est employée pour de nombreux alignements symboliques, à commencer par Robert Schuman et le jour de sa mort et plus tard la célébration de Saint-Robert, je n'en doute pas.

Etrangement, à l'extrémité de la rue du 4 septembre, qui débouche sur la Place de l'Opéra (Garnier), on peut voir un bas-relief en bronze, exécuté en 1934, représentant ce qui pourrait bien être... Moïse !

Pendant l'occupation de Paris par les nazis, de l'autre côté de cette rue se trouvait la Kommandantur !

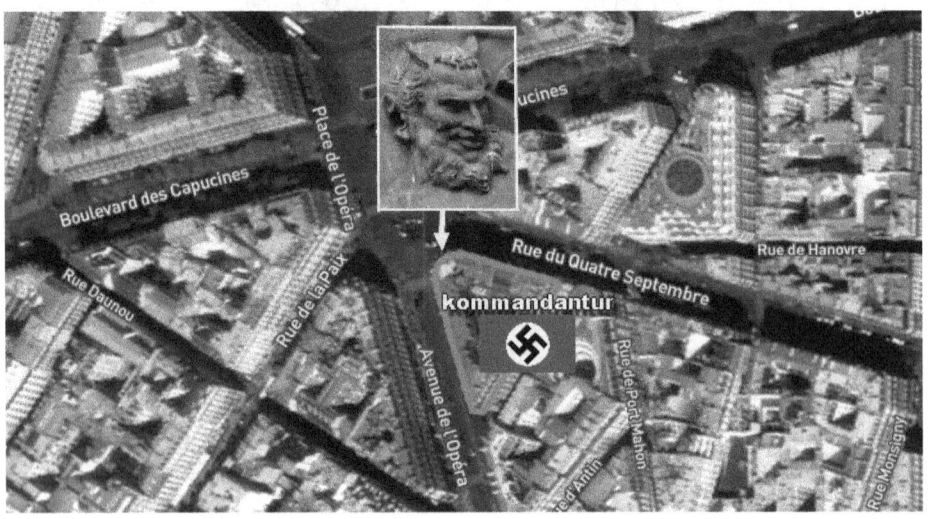

Ce bas-relief intitulé "Faune et Bacchante", signé du sculpteur grenoblois Léon-Ernest Drivier (1878-1951), est censé représenter un faune, une créature légendaire de la mythologie romaine, proche des satyres de la mythologie grecque...

Mais un faune est généralement représenté avec des pattes d'animaux munies de sabots.

Ce n'est pas le cas. Le sculpteur, qui a travaillé avec Rodin, a donc ici cultivé l'ambiguïté...

D'ailleurs le personnage représenté ressemble un peu au Moïse cornu représenté au Vatican...

En fait, ce bas-relief de Léon-Ernest Drivier, représente fort probablement Moïse, car il se trouve à l'entrée de la rue du 4 septembre.

Or, le 4 septembre, est également la fête de Moïse, personnage biblique, prophète, selon la tradition fondateur de la religion juive.

Le 4 septembre, l'église célèbre la mémoire de Moïse par qui la Loi a été donnée.

A ses pieds figure de petites vagues qui semblent vouloir représenter soit la Mer Rouge, soit le Nil...

Le prénom Moïse vient du prénom hébraïque Mosheh signifiant "*sauvé des eaux*".

Mais subtilement, ce personnage foule aussi ce qui semble bien représenter la Croix du Christ...

Les juifs ne reconnaissent pas Jésus comme fils de Dieu...

42 - LA MORT DE ROBERT SCHUMAN

Le 26 mai 1926, Robert Schuman: achète une propriété située rue de la Chapelle à Scy-Chazelles, pour 62 000 francs. A l'époque, il conjugue les fonctions d'avocat au barreau de Metz et de député de la Moselle.
Dès 1946, il habite à Paris où il débute une belle carrière gouvernementale.
Il revient à Scy-Chazelles aussi souvent que ses fonctions le lui permettent.
En avril 1950 dans le calme de son bureau mosellan, il réfléchit à un projet révolutionnaire pour l'époque, projet préparé par Jean Monnet.
Le **Plan Schuman** sera l'acte de naissance de la Communauté Européenne du Charbon et de l'Acier, puis du Marché Commun, embryon de la future Union
C'est en octobre 1959, lors d'une visite officielle en Italie, que se déclarent les premiers signes de la maladie qui l'affaiblira de plus en plus.
Ce sont les premiers symptômes de la sclérose cérébrale qui l'emportera. Avant de quitter le pays, il tient à fleurir la tombe d' Alcide de Gasperi
En mars 1960, il renonce à ses fonctions de Président du Parlement Européen. Ce renoncement le fait beaucoup souffrir mais, malgré sa maladie, il continue à voyager en Europe.
Ses forces allant diminuant, il doit renoncer à aller prier comme à son habitude chez les sœurs de la Congrégation du Sacré-Cœur de Jésus, situées juste en face de chez lui.
Il doit aussi quitter sa chambre du premier étage pour rejoindre une pièce au rez-de-chaussée, qui deviendra sa chambre mortuaire.
Quelques jours avant sa mort, l'évêque de Metz après lui administre le sacrement des malades.
L'été 1963 la fin semble proche, il ne parle plus, il ne sait plus que regarder et presser les mains.
Le **4 septembre 1963, vers 9h30 du matin**, il rend son dernier soupir.
Enterré d'abord dans le cimetière communal de Scy-Chazelles, après des funérailles célébrées en la Cathédrale de Metz, ses cendres rejoindront la petite église Saint-Quentin, devant la maison où il mourut.
Par quel miracle se retrouve-t-il, comme un Saint, inhumé dans cette église Saint-Quentin qui lui est exclusivement réservée ? Mystère !

Moins de 37 ans plus tard, le site départemental qui lui est consacré, ouvre officiellement ses portes au public le 9 mai 2000, à l'occasion du 50e anniversaire de la Déclaration Schuman, désormais Journée de l'Europe.
Maison de Robert Schuman - n°8, rue Robert Schuman - 57160 Scy-Chazelles - maison-robert-schuman@moselle.fr

La chambre mortuaire

C'est le 4 septembre 1963, dans sa chambre aménagée au rez-de-chaussée de sa maison de Scy-Chazelles, que Robert Schuman rendit son dernier soupir.
Près de son lit, sur un placard, trône la Vierge couronnée et l'Enfant Jésus (Notre-Dame de la Consolation), entourés de deux bougeoirs en forme de cobra…

La Vierge à l'Enfant entourée de deux bougeoirs cobra…

Il s'agit de l'Uraeus, le cobra femelle sacré de l'Egypte antique, qui représente Ouadjet, la déesse de Basse-Egypte.
On le voit souvent représenté sur la coiffe du pharaon, la gorge dilatée, prêt à défendre le souverain contre ses ennemis…
Une présence étrange en ce lieu. A Paris, la Galerie Uraeus (n°24, rue de Seine), se trouve sur la ligne Square R.Schuman - Avenue R.Schuman - Notre-Dame de Paris.

Dans une petite niche de l'abside de l'église Saint-Quentin où il repose désormais, la Vierge continue à veiller sur lui…
Ce n'est pas n'importe quelle statue. Il s'agit d'une reproduction de la Consolatrice des Affligés, N-D de la Consolation.

"Saint" Robert Schuman - Une auréole pour l'Europe

La statue miraculeuse originale (XVIème siècle), (*Consolatrix Afflictorum*), en bois de tilleul, et d'une hauteur de 73 cm se trouve depuis 1794 dans un Sanctuaire dédié à la Vierge Marie: la Cathédrale de Luxembourg, ville natale de Robert Schuman. N-D de Consolation est la protectrice de la ville de Luxembourg.

A Paris, la Chapelle **Notre-Dame de la Consolation** (n°23, rue Jean Goujon), se trouve exactement dans l'alignement nord de l'Avenue Robert Schuman, et à seulement 450 mètres !

Elle est de plus sur la ligne reliant la rue Dieu à l'Ambassade du Vatican. Ligne qui passe sur la rue François 1er (Pape François).

La ligne rue François 1er - Square Robert Schuman, passe sur la Chapelle N-D de Consolation. Sacré clin d'œil au Pape François !

La statuette de N-D de la Consolation (Consolatrix Afflictorum) dans une niche de l'église Saint-Quentin.
Au-dessus, on distingue le reste d'une peinture représentant une couronne. A droite, la statue miraculeuse de la Cathédrale de Luxembourg.

Des dizaines de visiteurs illustres se sont rendu sur la sépulture de Robert Schuman, pour la plupart autour du 9 mai…

Le seul à venir à l'occasion du 50ème anniversaire de sa mort, le 4 septembre 2013, fut Jean-Claude Junker (1954), Premier Ministre du Grand-Duché de Luxembourg, et Président de la Commission européenne depuis le 1er novembre 2014.

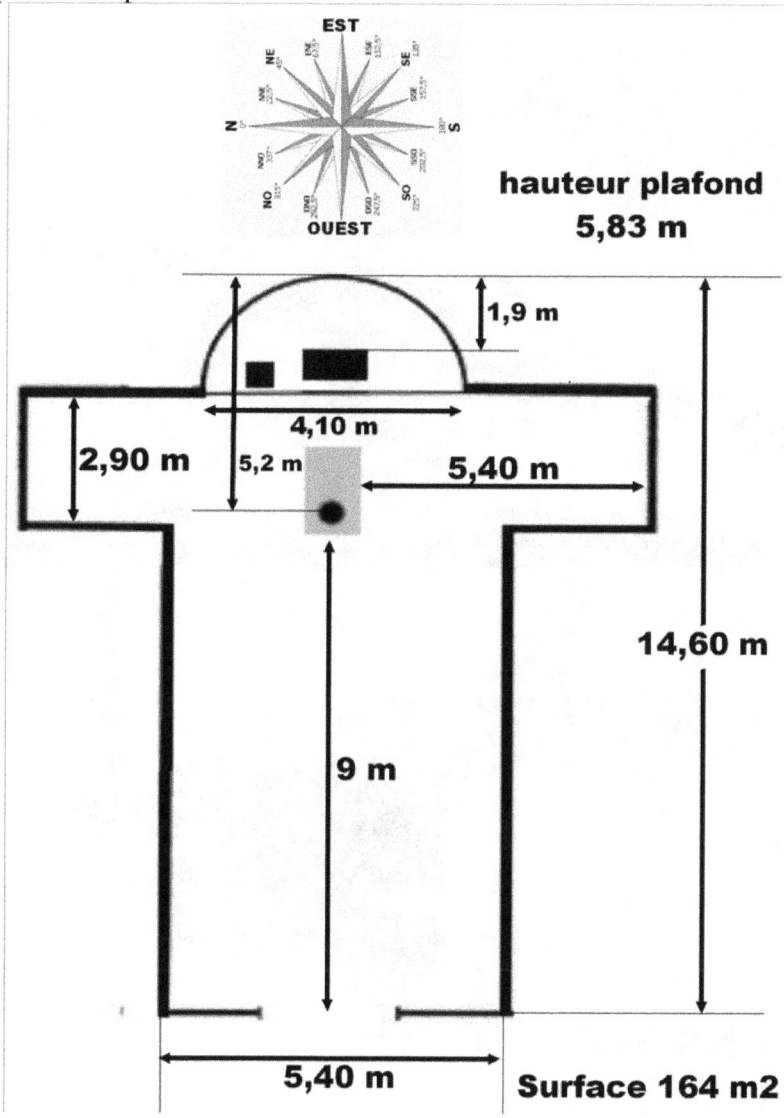

- Plan de l'église Saint-Quentin de Scy-Chazelles -

43 - SEPULTURES DES POLITIQUES

"Saint" Robert Schuman - Une auréole pour l'Europe

Héritier des démocrates-chrétiens, Jean Lecanuet (1920-1993), Ministre de la Justice sous la présidence de Giscard d'Estaing, maire de Rouen pendant vingt-cinq ans, fut, conformément à ses vœux, enterré sous une voûte de facture romane, dans l'abbaye Saint-Georges de Boscherville (Seine-Maritime) fondée en 1114.

Il aimait cette abbaye où il se rendait souvent et avait contribué à sa restauration.

Les recours juridiques contre l'indispensable arrêté préfectoral autorisant cette inhumation hors cimetière ont été rejetés.

"Saint" Robert Schuman - Une auréole pour l'Europe

Les défenseurs du patrimoine estimaient qu'un homme politique n'avait pas sa place dans un tel lieu public. Jean Lecanuet était divorcé et remarié à une divorcée...

L'Église a su à l'époque faire preuve d'ouverture d'esprit, l'archevêché de Rouen avait autorisé cette sépulture inhabituelle.

Pour les hommes politiques, le choix de la sépulture relève encore de la politique :

Clemenceau repose dans sa Vendée natale, de Gaulle dans son village d'adoption de Colombey-les-Deux-Églises (Marne).

Mitterrand a choisi sa ville natale de Jarnac (Charente).

En Angleterre, l'**Abbaye de Westminster** est l'édifice religieux le plus célèbre de Londres ; plus de 3 000 personnes y sont inhumées, dont 16 monarques et six Premiers ministres.

Le soldat inconnu britannique est enterré à Westminster parmi les rois, parce qu'il " *avait agi pour le bien, pour la cause de Dieu et de son foyer*".

Sa tombe est la seule de l'abbaye sur laquelle il est interdit de marcher. Elle est "protégée" par des centaines de coquelicots artificiels.

Depuis le Moyen âge, dans un contexte d'ignorance et de superstition, l'âme d'un corps placé dans l'église était supposée aller plus rapidement auprès de Dieu, au Paradis ; ceci, bien entendu, moyennant finance.

Les places les plus proches du chœur étant les plus chères...

Une ordonnance de Louis XVI, de 1776, interdit les inhumations dans les églises pour des raisons de salubrité.
Mais cet édit n'est pas totalement respecté.
Depuis 1950 seuls les archevêques ont eu le droit d'être enterrés dans une église ou cathédrale.

Journal satirique "Le Cri de Metz et de la Moselle " n°10, du 17 décembre 1921… Un siècle plus tard, le 17 décembre 2021, cette caricature deviendra-t-elle prophétique ?

Les chrétiens qui feront de l'obstruction aux informations contenues dans ce livre, auront probablement des comptes à rendre à leur Créateur qui, jusqu'à preuve du contraire, est aussi le créateur du Parisis Code, le Code de Paris.

44 - UN PHENOMENE SOLAIRE INSCRIT A PARIS...

A Scy-Chazelles, près de Metz, autour du 7 avril et du 4 septembre, si le temps est ensoleillé, se produit dans l'église Saint-Quentin, lieu de sépulture de Robert Schuman, un phénomène solaire artificiel commémoratif de la mort du Père de l'Europe.

Ce phénomène mis en place dans le plus grand secret en 2005, lors du réaménagement de l'église et de son mobilier liturgique se produit le matin, vers 10h38mn, correspondant à l'heure de son décès.

Il est généré par les 3 fenêtres de l'abside, communément appelé "Triplet". J'ai baptisé d'ailleurs ce phénomène solaire, le **"Triplet Lumineux"**...

Comment un esprit cartésien peut-il comprendre que ce phénomène, jusqu'à présent ignoré de tous, puisse se retrouver suggéré avec une telle précision sous forme d'alignements symboliques à Paris, à 320 kilomètres de l'église Saint-Quentin ?

En effet, à Paris, la ligne reliant la rue de **Saint-Quentin** à la rue **Robert Schuman** (Charenton-le-Pont), passe sur la Sci **Le Triplet** (n°84, rue Richard Lenoir) et sur la rue **Dieu**.

"Saint" Robert Schuman - Une auréole pour l'Europe

La ligne reliant la Sci **La Lumineuse** (n°67, rue de la Roquette) à la rue de **Saint-Quentin**, passe sur le Square Richard Lenoir, au niveau de la Sci **Le Triplet** (n°84, rue Richard Lenoir) et sur la rue **Dieu**.

L'auteur de ce livre "Saint" Robert Schuman, une auréole pour l'Europe" : Thierry Van de Leur (68 ans), sur la tombe de Robert Schuman, le 11 avril 2019, à 10h 47 mn, soit 9 mn après la découverte du rayon solaire artificiel symbolique de Robert Schuman : le Triplet Lumineux…

45 - LIVRES EDITES PAR L'AUTEUR

PARISIS CODE (tome 1)
Editions Lulu.com, 2012 - ISBN 979-10-91289-02-3
LE CODE SECRET DES RUES DE PARIS (Parisis Code **tome 2**)
Editions Lulu.com, 2012 - ISBN 979-10-91289-03-0
ET DIEU CREA …LE CODE - (Parisis Code **tome 3**)
Editions Lulu.com, 2012 - ISBN 978-2-9540731-7-0
PARIS, CAPITALE DU DESTIN - (Parisis Code **tome 4**)
Editions Lulu.com, 2012 - ISBN 978-2-9540731-4-9
LE METRO VIRTUEL - (Parisis Code **tome 5**)
Editions Lulu.com, 2012 - ISBN 979-10-91289-01-6
LES ARCHIVES CHRONO-PARADOXALES - (P. Code **tome 6**)
- Lulu.com, 2014 - ISBN 979-10-91289-11-5
LE GRAND CODE DE LONDRES
Editions Lulu.com, 2012 - ISBN 979-10-91289-04-7
L'EPHEMERE RESURRECTION DE LA BASTILLE
Editions Lulu.com, 2011 - ISBN 978-2-9540731-0-1
LE SECRET SOLAIRE DU MONT SAINTE ODILE
Editions Lulu.com, 2011 - ISBN 978-2-9540731-3-2
LES PHENOMENES SOLAIRES ARTIFICIELS
Editions Lulu.com, 2011 - ISBN 978-2-9540731-2-5
LES CLEFS CACHEES DE LA VIE
Editions Lulu.com, 2012 - ISBN 979-10-91289-05-4
ENIGMES tome 1
Editions Lulu.com, 2014 - ISBN 979-10-91289-12-2
ENIGMES tome 2
Editions Lulu.com, 2014 - ISBN 979-10-91289-13-9
L'INQUIETANT MESSAGE DE CHIBOLTON
Editions Lulu.com, 2012 - ISBN 978-2-9540731-6-3
LE FABULEUX SECRET DE PARIS
Editions Lulu.com, 2015 - ISBN 979-10-91289-15-3
L'ULTIME SECRET DE FATIMA
Editions Lulu.com, 2015 - ISBN 979-10-91289-18-4
MARINE LE PEN, UN DESTIN GRAVE DANS PARIS
Editions Lulu.com, 2015 - ISBN 979-10-91289-17-7
JE SUIS… CODEE
Editions Lulu.com, 2015 - ISBN 979-10-91289-22-1
MACRON, UN DESTIN MACHIAVELIQUE GRAVE DANS PARIS
Editions Lulu.com, 2017 - ISBN 979-10-91289-27-6

JOHNNY HALLYDAY, un fabuleux destin encodé dans Paris
Editions Lulu.com, 2017 - ISBN 979-10-91289-29-0
VIES D'ARTISTES encodées dans Paris
Editions Lulu.com, 2018 - ISBN 979-10-91289-30-6
LE PARISIS CODE FAIT SON CINEMA
Editions Lulu.com, 2018 - ISBN 979-10-91289-31-3
LE SECRET DES RUES DE STRASBOURG - Tome 1
Editions Lulu.com, 2019 - ISBN 979-10-91289-33-7
LE SECRET DES RUES DE STRASBOURG - Tome 2
Editions Lulu.com, 2019 - ISBN 979-10-91289-34-4
"SAINT" ROBERT SCHUMAN
Editions Lulu.com, 2019 - ISBN 979-10-91289-35-1

Retrouvez les dernières publications de l'auteur sur

Tous les livres peuvent être commandés directement.
Contacter l'auteur : t.van-de-leur@laposte.net

Pour suivre les dernières informations :
http://parisis-code.skyrock.com (52.500 visites depuis 2009)

Pour votre visite à Scy-Chazelles (petit village de vignerons proche de Metz), sur la tombe de Robert Schuman, je recommande un gite rural très bien coté, à prix raisonnable, que j'ai moi-même testé. Il est ouvert depuis 2018.
Il s'agit de "**La Maison d'Anouck**", (3 chambres d'hôtes de 2 personnes), au n°9, rue de Crimée, à 400 mètres de la tombe et de la Maison de Robert Schuman. Table d'hôtes sur réservation.
Anouck.chiche@wanadoo.fr
www.lamaisondanouck.fr - 06 47 10 16 85

"Saint" Robert Schuman - Une auréole pour l'Europe

Dernière mise à jour le 30 avril 2019

www.ingramcontent.com/pod-product-compliance
Lightning Source LLC
Chambersburg PA
CBHW071607170426
43196CB00034B/2143